神様といっしょ

神々のヒーリング

池田邦吉

明窓出版

はじめに

２０１３年12月から今年前半までに大変多くの方々からヒーリングの依頼を受けた。それ以前のヒーリング患者数とは桁外れになった。毎月、大阪、京都、神戸、和歌山のいずれかの場所でヒーリングの日を３～４日定めて自宅と往復することになった。外出しなかった月は今年（２０１４年）の６月だけだった。これは梅雨の季節に差掛かったからである。

私は従来、患者のいる所へ出張してヒーリングする主義であった。動かせない患者が多いからである。ところが最近、電車やタクシー、あるいは自家用車が身体障害者対応型になってきて、患者が私の宿泊先へ来てくれるようになった。そのため、府県別にある一定の日時を設定し、患者にまとめて会うことが可能となった。例えば３泊４日で十五～二十人位の患者をヒーリングする。「桁外れに患者が多くなってきた」理由はそんな事情によっているのかもしれない。

高齢社会となり病人が増えているのも原因の一つである。私には古くからの読者がいて、その方々からヒーリングの依頼がある。１９９８年初頭に「ノストラダムスの預言書」研究者としてテレビに華々しくデビューして以来、今日まで16年以上が経過している。その当時からお付き合いしている読者がそれだけ年を重ねている。私自身も前期高齢者の仲間入りをし、年金生活者になっている。

白内障、緑内障、弱視等々で「池田さんの本が読めなくなって困っている。何とかしてくれ」とヒーリングを依頼してくる読者もいれば、「パーキンソン病を患ってしまい、主治医が治せないと言っているから、池田君頼むよ」と言ってきた読者もいる。そういった読者の依頼には無条件で応じてきた。その結果、その読者たちの周辺の人たちからもヒーリングの依頼が来るようになり、患者は日増しに多くなってきた。私の読者ではない人々がヒーリングを依頼してくるようになったのである。そういう人たちはヒーリングの後で私の本を読むようになった。読者層が変わった。ヒーリングとは手翳しによって、肉体的、精神的病気を治す手法のことである。チャクラ・ヒーリングとか霊気ヒーリングとも言われている。その歴史は大変古くて、発祥の地は日本である。

１９２３年（大正12年）９月に関東大震災が発生した時、厖大な数の怪我人や病人をヒーリングという手法で治した人がいた。その名を臼井甕男《うすいみかお》と言う。慶應元年（１８６５年）８月15日生まれ、大正15年（１９２６年）61才の若さでこの世を去った。存命中の大正11年４月に東京で臼井霊気療法学会を創設したが、この学会は現在も継承されており、伝統霊気と呼ばれている。

この伝統霊気はやがて太平洋を渡り、アメリカに伝わった。そのアメリカでヒーリングの手法を体系化し本に著したのが故バーバラ・アン・ブレナン博士である。彼女はヒーリングの手法を体系化しただけでなく、ヒーラーを養成するための学校を作った。バーバラ・

ブレナン・スクール・オブ・ヒーリング、略してBBSHと書く。そこには全世界からヒーリングを学ぶために人々が集まった。もちろん日本からもおおぜいの人々がそこへ行った。BBSHを通してブレナン博士は世界中に何万人ものヒーラーを育てあげた。ブレナン博士に最後にお会いできた時、彼女は、

「私の本は87ヶ国語に翻訳されました」と言っていた。

ところで私は臼井先生が創設した学会にも関係なく、BBSHの卒業生ですらない。昭和44年に東京は目黒にある東京工業大学の建築学科の卒業生である。長い間、東京の新宿で建築設計事務所の社長をしていた。その後、ノストラダムスの預言書を研究した。それも終わって、今は「ヒーラー」と称している。東京で生まれ、育ち、仕事場もずっと東京だった。その経歴にヒーリングは何の関係もないように見える。医学はそれが関係する高校も大学も行ってはいない。つまり医者でもない。そんな人間がどうして人の病気を治せるのか、それが問題点である。

本著は昨年の12月から今年5月まで半年間で行ったヒーリングの事例の内、特筆すべき症例をまとめたものである。その事例はまだヒーリングを続行中のこともあるが、患者が完治するまで一年以上はかかると思える。完治を待たずに原稿を書き始めた。

2014年6月2日　記　池田　邦吉

目次

はじめに　3

第一章　我が家のヒーラーたち　9

一ノ一　筋萎縮症の患者　10
一ノ二　和歌山のヒーリング・セミナー　16
一ノ三　ヒーリングの会場　22
一ノ四　神界のヒーラーたち　29
一ノ五　しなつひこの神の分身たち　36
一ノ六　九人目のヒーラー　42
一ノ七　新しいヒーラー　49

第二章　難病患者のヒーリング　57
二ノ一　筋肉を作る幹細胞　58
二ノ二　２０１４年５月１７日　64
二ノ三　木の花咲くや姫　70
二ノ四　ＡＬＳ患者のヒーリング　78
二ノ五　幽体離脱　82
二ノ六　守護神がいない患者　88
二ノ七　遺伝子治療　95
第三章　第三ステージ　103
三ノ一　天照皇大御神の提案　104
三ノ二　集中治療室にて　113
三ノ三　伊勢参拝　122

三ノ四　神宮徴古館《ちょうこかん》　130
三ノ五　鳥羽　137
三ノ六　八大龍王その後　142
第四章　天之御中零雷神　147
四ノ一　遷座祭《せんざさい》　148
四ノ二　預言書の終焉　155
四ノ三　遷御《せんぎょ》の儀《ぎ》　161
四ノ四　亡くなっている御夫人からのヒーリング依頼　169
四ノ五　忘年会　176
四ノ六　ヒーラーとは何か　183
おわりに　192

第一章　我が家のヒーラーたち

一ノ一　筋萎縮症の患者

２０１４年5月10日（土曜日）夜9時30分過ぎ、和歌山市のS社から一通のＦＡＸが我が家に入った。そのＦＡＸの内容はヒーリングの依頼で患者の病名は筋萎縮症である。患者はS社からあまり遠くない和歌山市内に住んでいる女性で、S社にヒーリングを申し込んだ人はその患者の叔母にあたる人だった。

患者の名を仮に百々子《ももこ》とし、その叔母にあたる人をヒロ子としておく。百々子は50才の誕生日を約一ヶ月後に控えていた。彼女がもし健康な人なら家庭の主婦として、また医師として活躍していたに違いない。だが今は一言も発することができず、ただベッドに横たわって死を待つ一人の患者にすぎない。

ＦＡＸを一目見て、イギリスの有名な物理学者ホーキング博士の姿が脳裏に浮んだ。筋萎縮症【ウィキペディアより：筋肉そのものにその原因のある筋原性のものと、筋肉に指令や栄養を供給している運動ニューロンにその原因のある神経原性、なんらかの原因により長期に筋肉を使用しなかったために筋体積が減少し筋の萎縮をきたした廃用性に分けられる。前者の代表的なものが筋ジストロフィーであり、後者を代表するものが筋萎縮性側索硬化症（ＡＬＳ）と脊髄性筋萎縮症（ＳＭＡ）、球脊髄性筋萎縮症である。筋原性の筋萎縮症をミオパチー、神経原性の筋萎縮症をニューロパチーとも言う。若年性に発症し、20

歳程で進行が止まるという珍しい平山病という病気もある（ただし、痩せてしまった筋肉は戻らない）】の一つにALSがある。そのALSの患者がテレビ画面に映し出される度に私はこの病気をヒーリングという技術で治せないものかとずっと考えていた。

ヒーリングの依頼を受けると私はまず大国主命（出雲大社の祭神）様にお伺いを立てる。その患者の守護神がどなたであるかを知るためである。仮に患者の守護神がその患者のヒーリングを断ってきた場合は残念だが私はその人をヒーリングしない。つまり私がヒーリングする場合は必ず患者の守護神に許可をいただいた上で治療に入るというルールがある。

大国主命様は私の守護神であり、また大国主命様は別名幽界《かくりょ》の大君《おおきみ》と呼ばれていて、人の魂の管理者でもある。従って患者の守護神がどなたであるかを大国主命様を通じて私は知ることができる。

ただし、この日5月10日夜はその手続きができないまま、ヒーリングをする筈はペンディングしたままになった。神々の動きがいつになく慌《あわただ》しくて大国主命様と私とは連絡ができない事態になっていたのである。

5月10日早朝、天之御中零雷神《あめのみなかぬちのかみ》が一年間にわたり地球の視察を終え出雲大社に入った。その直後から日本に祭られている神々を一神ずつ出雲に呼んでお別れの挨拶をしていた。その天之御中零雷神は宇宙を作り、またその途中で多くの神々を生み成した最初の神である。初源の神と表現する人もいる。

その朝、私はしなつひこの神に叩き起こされた。この神様は伊勢の別宮「風の宮」の祭神で創造主の一員である。人を創った神々の一神でもあり、またヒーリングの名人でもある。私がヒーリングに使っている教科書『光の手 上下』（河出書房新社刊）の著者は米国人のバーバラ・アン・ブレナン博士であるが彼女の魂はしなつひこの神の御魂である。蒲団の上でゆっくりと上体を起こして私はしなつひこの神に尋ねた。

「今朝は伊勢に戻らなかったのですか」と。

「うん、先ほど天之御中零雷神から連絡があって、出雲に入ったと」しなつひこの神がいつになく緊張ぎみに答えた。

「ブレナン博士は」と私。

「うん、午前5時に伊勢に戻した」と神。通常、ヒーリングをしている場面ではしなつひこの神と故ブレナン博士とはいっしょに居るのであるが、午前5時になると二人共いったん伊勢に戻り、午前中は伊勢で神業をしている。しなつひこの神だけが我が家に居残っている事態は異例である。しなつひこの神が私の心の中を読み取って言った。

「今朝は出雲に行くべきと思っていたところ天之御中零雷神から自分に指示があって『邦吉の家に居てくれ』と言う。それで伊勢にも戻らず、出雲にも行かずにここに居ることになった」と。

「私、今日は出雲に行って天之御中零雷神をお見送りすべきでしょうか」と私はしなつひこの神に尋ねた。

「うん、それも指示待ちになってる」と神。私は寝室を出ていつものように朝の仕事に取りかかった。専業主夫としての家事のことである。北九州市の小倉の自宅から出雲大社まで車で5時間ほどで行ける。神から指示があったらすぐ出発できるように心の準備だけはした。

この二日前5月8日（木曜日）夜10時30分頃、ブレナン博士が久しぶりに由美の見舞のため来宅してくれていた。由美の脳下部には生命維持装置が取り付けられており、由美はその装置のお陰でかろうじて生きることができている。この装置はしなつひこの神の発明品で宇宙広しといえどもこれ一つしかないというものである。この装置の定期維持管理のためブレナン博士が来てくれていた。しかし10日朝、私が目覚めた時にはすでに伊勢に帰っていた。その10日朝に話を戻す。前日までの片付けを一通り終わって改めて新しいお水を入れたコップを一つだけ神棚に置き、合掌。次に温い緑茶をコップの前にお供えし、

「今朝の朝食はどのようにしましょうか」としなつひこの神に尋ねた。

「京の和菓子がほしい」と神。食欲が無い様子が伝わってくる。それより、出雲に意識を集中しているようである。

昼を少し過ぎてしなつひこの神に呼ばれた。

「くによしー！　天之御中零雷神から指示が入った。明日11日の夕方にここへお見えになるということだ。だからお前は出雲に行かなくてよいということだ」と神。

「明日の夕方ということはお神酒《みき》、お供えをしなくてはなりませんネ。天之御中零雷神様は地球の食物や飲み物にあまり興味を示さないのですが。メニューをどうしましょうか」と私はしなつひこの神に言った。即答が無かった。しばらくして神はゆっくりと一言、一言噛み締めるように話し始めた。

「山菜五目ごはんといくつかのお漬け物、野菜のテンプラ。海産物のテンプラはやめておこう。あくまで野菜だけにしておこう。それと野菜の煮込み料理、例の正月料理のことだぞ。さらに冷やっこ、こんなところかな」

「分かりました。これから買い物に行って来ます」と私は言って家を出た。車で近くのスーパーへ行った。店内に入ると、しなつひこの神が次々に指示をしてきた。

「いっしょに来たんですか」と神に質問した。すると、

「由美の体の状態を見ているのでくによしの家に居る。しかし、ここから店内の様子は見えている。今日は鰺《あじ》のよい物が入荷しているぞ！　明日のお供えに追加することにしよう。塩焼にするんだぞ」としなつひこの神。通常買い物の指示は私の亡き母、「神倭姫命《かんやまとひめのみこと》」がするのであるが、この日母は出雲に呼ばれていて天之御中零雷神とお話し中である。我が家に来られない。倭姫のかわりをしなつひこの神が勤めている。

神倭姫命は伊勢神宮の創建者でその伊勢に倭姫神社がある。母はいつもその神社に神として居るのだが、この日は朝からずっと出雲に居る。

夕方にしなつひこの神が私に言った。

「天之御中零雷神は明日の夕方ここに来て夜にいったん出雲に戻り、そこから神界へと帰る予定だそうだ」と。

「つまり、最後の食事を我が家でして、その後に出雲から宇宙の中心に戻るということなんですか」と私。

「そのようだな～」と神。そのしなつひこの神が天之御中零雷神にいっこうに呼ばれない様子なので、とりあえずしなつひこの神様だけにお神酒《みき》をし、夕食のお供えを作った。しなつひこの神のお酒はいつも焼酎でしかも宮崎県のある酒造メーカーのものである。アルコール度数は20度である。この焼酎はすこぶる高価で北九州全域で三ヶ所の販売店でしか手に入らない。神様の夕食を調理しながら明日のお供えの下ごしらえ作業に入った。私と由美が夕食を終えても、まだ私は明日の準備が続いていた。そんな作業の真只中にヒーリングの依頼が来たのである。

ALSの患者のヒーリング計画がこの日ペンディングとなったのはいたしかたないことであった。和歌山出張はこの日からちょうど一週間後の5月17日（土曜日）を予定していた。その5月17日は午後一時から講演会をする計画になっていた。その講演会の内容は「ヒーリングとは何か」である。講演会のすぐ後で数人のヒーリング実技を予定していて、その患者はすでに決定済であった。百々子のヒーリングの許可が下りたとしても、実際に百々子の家に出向くについては5月18日以降にならざるを得ない状況がすでにでき上がっていた。ヒーリングするにせよ、しないにせよ和歌山での日時は充分にあると考えられるところである。私はまずもって天之御中零雷神の見送りをこの家で行ない、神々が元のいつもの状態になってから百々子のヒーリングの諾否を神々に決めていただくことにした。

一ノ二　和歌山のヒーリング・セミナー

ＡＬＳの患者のヒーリングを依頼された日より約一ヶ月ほど前に私は和歌山市のＳ社に居た。案内された会議室は昔、故関英男博士が経営していた世田ヶ谷の加速学園によく似ていて、大変居心地が良くて、気に入った。

「この部屋でヒーリングについて講演会をしたい」と心の中で思った。

数時間前、一人の御婦人のヒーリングをしてきたばかりである。この日、4月18日（金曜日）午後1時、私は和歌山県の田辺市にあるＪＲ紀井田辺駅に降り立った。出迎えてくれたのは患者の御主人で彼は南高梅を作っている農家の経営者だった。私は大阪駅を出発

する時、駅のコンビニで紀州南高梅入りのおにぎりを一つ買って持っていた。袋の中からそれを取り出して、

「あなた方のすばらしいお仕事のお陰で、こんなにおいしいものをいつもいただいております。ありがとうございます」と彼に言った。彼は小さく「うん」と言って私を車に案内した。おにぎりのことなんかどうでもよいという感じである。この男、心に余裕がない。頭の中は入院中の妻と小学一年生になったばかりの男の子のことでいっぱいになっている。しかし、それもしかたないことであった。彼の妻が1月20日に脳梗塞を発症し入院した時から主治医に絶望的な説明を受けていたからである。それは「妻の死」を意味していた。車の前方に見上げるように巨大な建物が出現した。大病院だ。この病院は二回目の訪問。最初は3月1日だった。患者が発症してから39日目でヒーリングを行なった。その時彼女は大部屋のベッドに横たわっていて、言葉を失っていた。

4月18日午後、2回目のヒーリングをすべくベッドに近づくと、患者は、

「あ・り・が・と・う・ご・ざ・い・ま・す」とゆっくり私に話しかけてきた。動かせなかった左足は前後に動かせるようになっていた。御主人が一枚の大きな写真を私に見せた。その写真は彼の息子の小学校入学式のときの記念でクラスの全員が写っており、右脇に車椅子に乗った息子の母が写っていた。

一通りのヒーリングをして、部屋を出るのと入れちがいにS社の専務が患者の見舞に来

た。その時S社の社長が同行していた。御主人と私とは同じ階にある患者用の食堂に入り、そこでS社の二人の重役の見舞が終わるのを待った。その間に私は御主人に患者のリハビリについてアドバイスした。

「この病院、もしくは近くにリハビリ専門の施設があるはずなので奥様をそちらに移すよう、主治医に掛け合え」と。実際私はこれまで多くの脳梗塞の患者をヒーリングしてきた体験上、この病気には専門のリハビリセンターに移ることが回復への早道であることを知っていたのである。この後御主人は、自分の妻を隣り町のリハビリ専門センターに移すことに成功した。

S社の社長と専務が食堂に入ってきた。顔の様子は真剣そのもので笑顔はなかった。開口一番、

「びっくりしたよ〜。こんなに早く回復できるなんてとても信じられないよ〜」と言う。私は笑顔を作って、

「息子さんの入学式の写真見た?」と二人に聞いた。

「うん。確かに」と言ったまま、二人は黙ってしまった。S社の重役たちと患者の一家がまるで一家族のような付き合いを普段からしていることはよく分かった。

「ちょっと事務所の方で話しませんか、ここではなんなのでネ」と社長。御主人の顔を私は一瞥した。すると、彼は首を縦にふった。

入った。

「そうしてくれ」と言っているように私は感じた。この男、ものすごく口数が少ない。病院の駐車場で私はS社の社長が運転する高級車に乗り換えた。車はやがて阪和自動車道に入った。

「良い道ができてるんですネ」と私は話しかけた。

「和歌山で国体があるんで、道路の整備が急ピッチなんです」と社長。

「なるほど、そういう事情でしたか」と私。高速道路を一時間半ほど走って車はやがて和歌山市の宇須《うず》という町に入った。S社はそこにあった。この日、初めてS社のことを知ることになった。12〜13年前から私はずっと和歌山市でヒーリング・セミナーを開いていたのだが、S社の存在を知らなかった。S社の人々も私が毎年のように和歌山でヒーリングの会をしていたことを知らなかったのである。

S社の駐車場で車から降りると、専務の奥様と娘さんとが一行を出迎えてくれた。私はその事務所、というより会議室に入った。それは平屋建てで独立棟になっていた。

「会う度に元気になっていて、うれしいです」と私は娘さんに言った。

「ハイ、お陰様で」と彼女。快活である。テキパキと会議の席を用意してくれている。4ヶ月と10日ほど前このお嬢様は死と向かいあっていた。多臓器不全で一部は癌化していた。精神的には統合失調症で10年間家を出ることができなかった人であった。

昨年2013年12月初旬、このお嬢様はその母親に付き添われて、大阪のヒーリング会場に来た。この時のヒーリングの会は私自身の企画だった。大阪の読者たちに病人が多く居ることを当の読者たちに知らされていたので、私の方から大阪に出向いたのである。多くの患者の中で唯一和歌山から女性の患者が来ていたことを後に知ることになった。ただしその娘さんがS社のお嬢様であることを私は知らなかった。患者の出自などヒーリングに何の関係も無いからいちいちそういうことを予め患者に尋ねることなどしないのが私の仕事である。

娘さんの御魂が木の神様であることはヒーリングの申し込みがあった時にすぐに分かった。木の神様は和歌山市内にある伊太祁曽《いたきそ》神社の祭神で創造主の一員である。地球に於ては木の神であるが人間を創成した七神の内の一神で、この点しなつひこの神の兄弟神のような存在である。木の神様と私とは私が5才の時からの付き合いがあり、私の後見人のような存在でもある。子供の時からの親しい間柄なので、その御魂分けの娘さんに対する私のヒーリングは尋常でなかった。

「何が何でも絶対に治そう」という覚悟だった。

患者とその母親とは木の神様に付き添われてホテルの一室に入ってきた。その部屋には予め、しなつひこの神とバーバラ・アン・ブレナン博士、私の相棒であるノストラダムス、それに彼の昔からの友人であるドクター・パレ、そしてもう一神、由美の父親である武雄の命が控えていた。皆人の目には見えない存在であるが大変有能な神界のヒーラーである。

さらに私の守護神である大国主命、また母である神倭姫命が助っ人としてこの部屋に居た。ブレナン博士、ノストラダムス、ドクター・パレ、武雄の命を私はヒーリング・クインテットと呼んでいた。このヒーリング・クインテットの総指揮者はしなつひこの神である。ヒーリングが始まると、大国主命と母とが交代して私の背後からヒーリング・パワーの波動調整をしてくれる。つまり患部に必要な波動を作り出してくれる仕組である。木の神は患者の依頼主としてヒーリングの場に必ず同席する。この時のヒーリングは延々2時間になった。一通りのヒーリングを終えてほっと一息ついていると、木の神が、

「くによし、見事」と声をかけてきた。さらに、

「ついでに母親もヒーリングしといてくれ」と言う。

「え〜、ついでのヒーリングですか?」と私。こういう場では私と木の神との会話はテレパシーで行うので同席している人々には聞こえていない。

「母親の魂も木の神様なんですか?」と私。

「うんその通りなんだ。後でその母親が自分の亭主の守護神がどなたかと質問するから、同じ木の神だと教えてやれ。それから娘の兄(次男)も同魂だと教えてやれ」と木の神。

「へぇ〜、一家で四人が同魂ってことなんですか、びっくりしたなーもー。こんな一家初めて見た」と私。そこで私は娘さんの母親の方に向かって言った。

「神様がですねー、母親の方もついでにヒーリングしとけって言ってますので、どうなさ

いますか」と。すると母親は、

「ぜひ、ぜひお願いします」と言った。その時、ドアをノックする音が部屋に響いた。ドアを開けると次の患者たちが三人、廊下に立っていた。

「大変すいません。午前中の患者のヒーリングが長引いていますので午後1時にヒーリングすることにして、1階のロビーにあるレストランかどこかで食事を済ませておいてくれませんか」と私は言った。

「承知いたしました」と言って三人は部屋から遠ざかっていった。三人共私の昔からの読者で年をとっていた。私は部屋に戻って、母親のヒーリングを開始した。さすがに親子である。患部が同じ様子である。ついでのヒーリングにしては大変な事態だった。ともかく、母と娘とのヒーリングを終えた。すると母親が机に座りなおしてバッグから1枚のメモを取り出した。

「御主人と御家族のそれぞれの守護神様のことですね」と私は言って、それぞれの神の名を告げた。母親が懸命にメモをしていった。

一ノ三　ヒーリングの会場

4月18日のS社の会議室に話を戻す。壁の一角に額が飾ってあった。よく見るとそれは和歌山県から贈られた表彰状で「百年企業表彰」と墨書きしてある。何とS社は百年以上前からあった会社だったのである。額をじ～っと見つめている私に専務が声をかけてきた。

「今の社長は七代目です」と。田辺市からここまで運転手を勤めてくれた人のことである。

「当社の創業は今からおおよそ150年前でして、つまり江戸時代」と専務。創業者は瀬戸内海の小豆島でオリーブの栽培を成功させた人として名高い方であった。

「七代目」が車を片づけ、着換えを済ませて会議室に入ってきた。「作務衣《さむえ》」を着ている。どう見ても「社長」には見えない。足元は五本指のズック靴である。農家の主《あるじ》という感じ。この社長も木の神の御魂である。つまりS社の専務一家が木の神の御魂で社長もまた木の神なのである。S社自体が木の神の守護下にある会社である。こんな会社見たことない。

社長、専務夫妻と娘さんが集まったところで私はいきなり話し始めた。

「ここでヒーリング・セミナーを開きたいのですが」と。

「エエ～ッ、どうやって？」と社長。

「まず、講演会をやって、その中で実際のヒーリングをしますので、皆様に見ていただきます」と私。

「講演会っていうのはどういう話？」と社長。そこで私はホワイト・ボードに講演の内容を簡潔に書き出した。それはいつも講演会に使うレジメの目次のようなものであった。

「ヒーリングの実技になるモデルさんはどなたですか」と社長。

「ハイ、本当に病気をしている患者さんなら誰でもいいです」と私。

「私どもは、こういうセミナーをしたことがないのですが、セミナー参加者をどうやって集めるのですか」と社長。

「ハイ、まず公募はしません。知り合いにFAXや電話でお知らせするだけです。その知り合いというのは社長や専務の御友人たちのことです」と私。

「で、いつそれをするのですか」と社長。

「社長と専務さんたちが都合の良い日でけっこうです」と私。社長が予定表を見に事務所に行った。しばらくして戻ってくると、

「5月17日の土曜日の午後しか空いてません」と言う。

「それではその日にしましょう」と私。ちょうど1ヶ月先のことになった。和歌山におけるヒーリング・セミナーの会場と日時はこうして決まった。ALSの患者、百々子はS家と親しい間柄だった。S家の人々が心配していたのはセミナーの会場に百々子を連れてくるのが不可能という一点だった。後に私は、

「自分の方から患者の家に行きます」とS家の人に連絡した。しかしそれはセミナーの日の前日夜のこととなった。

話は5月11日の日曜日のことになる。

その朝はいつもより早く目覚めた。天之御中零雷神をお見送りするについての準備は早朝から始まった。まず、昨夜来の神棚のお供えを片づけ、新しい水をコップに満たして神棚に置いた。神棚の中央は天之御中零雷神のお水、その右はしなつひこの神のお水、天之御中零雷神の左は大国主命のコップである。これがいつもの定石である。3つのコップを並べ終えると、さっそくしなつひこの神に呼び止められた。

「くによし、本日、天之御中零雷神は午後4時にここへ入る。その後、出雲へは7時に行って、神界への出発は午後9時という予定。従って午後4時から7時までの3時間、神はここにいる」と。時計を見ると午前7時30分だった。私が眠っている間に神々はこの日のスケジュール調整を終わっていた。しなつひこの神が話を続けた。

「神倭姫《かんやまとひめ》は午後1時、いざな気、いざな実《み》の神は午後2時半頃、ヒーラー八神は午後3時、天照皇大御神《あまてらすすめおおみかみ》とににぎの命、大国主命、八大龍王は午後3時半頃に来宅」と。神の総数は17神である。私は17個のコップをいつもの順に神棚に並べた。

昨年の暮は我が家の神界のヒーラーは四神で、これを私はヒーリング・クインテットと呼んでいた。しかし、この日は八神のヒーリング・チームになっていたのである。つまり、今年になって別のヒーリング・クインテットが我が家のヒーリング・チームに加わったのである。

いざな気、いざな実の神は地球に陸地を作った神で滋賀県犬上郡多賀町にある多賀大社の祭神である。両神は今からおおよそ40億年前に地球担当神として誕生した神である。天照皇大御神はいざな気の神の分神として生まれた。伊勢内宮の主祭神である。その伊勢神宮は神倭姫が創ったのだが、神倭姫は天照皇大御神の分神である。この第一章第一節で神倭姫は私の母と書いた。しかし同時に私と由美との守護神でもある。つまり、私には守護神が二神付いていているということなのである。大国主命様と神倭姫命とである。ところが私にもう一神、守護神がいる。その神名は数音彦命《かずおとひこのみこと》といって、神界に入る前はノストラダムスと名乗っていた医者である。彼は『ノストラダムスの預言書』によって世界中に有名になった人物であるが、それは死後の話だ。生前はフランスで高名な医師であった。奇跡の医師と呼ばれ、当時のフランス王室の顧問医師であった。そのノストラダムスの魂は私の魂と同魂であって、一方が人間と化しているとき一方は神界にあって護衛の役をするというシステムである。二人に分かれる前は一つの魂であったが、その時は倭建命《やまとたけるのみこと》だった。今からおおよそ二千年も前の話である。私が倭建命だった時代、神倭姫命は叔母であった。お付き合いが長くなっている。

さてこの日来宅するもう一神のことを、ここで書いておくことにする。ににぎの命《みこと》のことである。ににぎの命の親神は天之忍穂耳命《あめのおしほみみのみこと》で、天之忍穂耳命の親神は天照皇大御神である。従って天照皇大御神から見るとににぎの命は孫にあたる。そのため天孫ににぎの命ともいわれる。そのににぎの命は今年2月17日に来宅した。その日は天照皇大御神に案内されて我が家に来た。以来内宮で神業をしておられる。

天孫ににぎの命は今からおおよそ179万年前に九州に降り立った。当時神はまだ人間の形になっておらず、意識体のままだった。ににぎの命は球体の光り輝く形で降りてきた。これを天孫降臨という。天孫降臨に際し、天照皇大御神は御自身の分身をににぎの命の護衛につけた。天之児屋根命《あめのこやねのみこと》、建御雷男命《たけみかずちのおのみこと》、経津零雷神《ふつぬちのかみ》、天之忍穂耳命である。この四神の他に、天照皇大御神の相談役であった常世思兼神《とこよおもいかねのかみ》がににぎの命に同行した。


天之児屋根命は茨城県鹿嶋市の鹿島神宮の祭神。

建御雷男命は千葉県佐原市香取にある香取神宮の祭神。

経津零雷神は奈良市の春日大社の祭神。

天之忍穂耳命は福岡県添田町にある英彦山《ひこさん》神宮の祭神である。

常世思兼神は創造主の一員で親神は造化の三神の内の高皇産霊神《たかみむすひのかみ》である。埼玉県秩父市にある秩父神社の祭神である。


小倉に来る前、私は埼玉県狭山市に住んでいて秩父神社には何度も行ったことがある。その秩父神社には常世思兼神の他に「創造主」が祭られている。どのような創造主であるかは明記されていないのであるが「天之御中零雷神」のことである。神職がそのことを知らないのかもしれない。

この日、ににぎの命の護衛神たちは我が家に来ない。皆出雲に集合して天之御中零雷神を見送るからである。

午後1時に母が来て、さっそくその日のお供えの点検が始まった。昨夜来煮ておいた竹の子はすっかりアクが抜けていた。水洗いして食べやすい大きさに切って味付の工程に入った。調味料の割合は母がしっかりチェックしてくれる。火を入れると、煮る時間を何分にするか指示してくる。次に昨晩から水にひたしておいた干しシイタケを取り出し、これも食べやすい大きさにカットし、味付の工程に入る。干しシイタケを戻した水はそのまま残しておいて調味料を加え、このだし汁で干しシイタケを煮る。火を消す瞬間に母が指示してくる。竹の子とシイタケの調理が終わって自然に冷ます工程に入った。次に山菜ごはんの仕度に取りかかろうとすると、しなつひこの神に呼ばれた。

「午後4時から5時まで、会議になるのでお神酒、お供えは5時からとする。会議用の紅茶とお菓子は4時少し前に供えてくれ。紅茶はアールグレー。お菓子はいつものでいいが天之御中零雷神がお好きなもの」と。

そうすると山菜ごはんの用意は4時半ごろからがちょうど良いということになる。そこで私は別の野菜の煮込料理を先行させることにした。母は台所から離れようとしない。

午後2時半を少し廻った頃、いざな気の神が来宅。開口一番、今年の梅雨に関しての情報である。

「今年、福岡は昨年よりも雨が少ない」と。天之御中零雷神の話とまるっきり関係がない。

次にヒーリングの依頼。和歌山でのヒーリング・セミナーに参加するいざな気神の御魂の患者がいるからである。一通りお話をうけたまわるといざな実神が我が家に入った。用件があるらしい。これも和歌山におけるヒーリングの患者についての諸注意事項であった。

数人和歌山に来るという。

一ノ四　神界のヒーラーたち

午後3時ぴったり、我がヒーリング・チーム8名が同時に我が家に入った。息ぴったりである。昨年までチーム・リーダーはノストラダムスだったが今ではやや引いた位置にいる。リーダーが変わったのである。話は2014年1月14日（火曜日）の場面である。

この日、しなつひこの神が我が家に居て私に話しかけてきた。

「明日、ヨーロッパでヒーリングをしているワシの分身がここへ遊びに来る」と。

「へぇ～、しなつひこの神の分身のヒーラーがまだ他にもいるんですか。ドクター・パレがヨーロッパでヒーリングしていた頃の仲間ですか」と私。ドクター・パレはしなつひこの神の分身であるが、その彼が話に割り込んできた。

「そうなんだよ」と。パレはフランス人なのでその方もきっとフランス人かあるいはその周辺圏に生まれた人に違いないと思った。そこで翌日は洋食のお供えを用意することにした。ただし、我が家に来る他の神々は和食を好むので普段通りの和食も用意することにした。

15日午後5時にそのヨーロッパ担当ヒーラーが我が家に入った。予めしなつひこの神が言っていた時間通りだった。

「お神酒はワインですよネ」と私は言った。

「うん」とその方は言った。予め用意しておいたワインをお供えして、

「神名はありますか」と私はその方に尋ねた。

「神名はまだ無い」との答。ドクター・パレの時と同じである。私としては神名が無いと何かにつけ不便である。ヨーロッパ担当のヒーラーにふさわしい神名がないだろうかとあれこれ考えていると伊勢の「風の宮」の風景が脳裏に浮んだ。そこで私は「ウィン」という神名を考え出した。風は英語で「ウィンド」であるがドを外して「ウィン」としてはどうだろうかと思った。

「ウィンという神名でいかがでしょうか」と私はヨーロッパ担当ヒーラーに言った。

「なかなか良いなー、それでいってくれ」とその方は言った。口数が少ない方である。聞いた事しか答えない。ウィンは翌日の1月16日まで我が家に居て再びヨーロッパに戻っていった。ちょうどその頃、京都でヒーリング・セミナーが企画されるニュースが届いていた。企画しているのは私の読者でもなく、まだ会ったこともない女性だった。その女性は昨年大阪で私がヒーリングして治った人から私の話を聞いたらしい。その企画者の話によるとヒーリングしてほしい人が二十人近くいるということだった。それも医者に見捨てられている重病患者が大変多いという。

1月27日（月曜日）午後5時にふいにウィンが我が家へ来た。突然のことで洋食のお供えを作れない。とりあえずワインをお供えしようとすると、

「日本酒がほしい」とウィンは言った。

「ヨーロッパの神様がお神酒に日本酒を希望されるということは未だかつて聞いたことがありません」と私はブツブツ言いながら小さなグラスに日本酒を満たしてお供えした。

次に私は、

「突然来られると洋食の準備ができません」とウィンに言った。

「ワシ、どちらかと言うと和食の方が好きでなぁ」とウィン。不思議な神様だなーと私は心の中で思った。そこで私はウィンに前生はどの国に住んでいたかを尋ねた。答えなかった。そこで私は、

「前生は日本人だったのですか」と尋ねた。するとウィンは
「その通りだ」と言った。畳みかけるように私はウィンに質問しだした。

「亡くなった年はいつでしたか」と。

「大正15年」とウィンは答えた。

「臼井先生でしょ。臼井甕男先生ですね」と私は言った。

「その通りだ」とウィンは答えた。私はびっくり迎天して声を失った。臼井先生は霊気ヒーリングの創始者でこれを体系的にまとめたのがバーバラ・アン・ブレナン博士である。

二人共、魂はしなつひこの神なのである。臼井先生が亡くなってから今年で88年の歳月が経過している。私は気を取りなおして、

「臼井先生はその前の人生も日本人でしたか」と尋ねた。

「地球人としては初めての人生であったがその前は別の星に居た」と彼は言った。

「エエーッ」と私は叫んでまたもや言葉を失ってしまった。しばらくして、ようやく次の質問に移った。

「臼井先生は初めて人類になったのはどれくらい前でしたか」と。

「数万年前」と答が返ってきた。

「どこの惑星に住んでいたんですか」と私の質問。

「ティア・ウーバ星のタオ（『続・神様がいるぞ！』１４７頁以下を参照のこと）じゃよ」

としなつひこの神が答えた。つまり、臼井先生はタオさんの御魂分けであるとしなつひこの神が言っているのである。

「そうするとタオさんの御魂はしなつひこの神なんですネ」と私。

「その通りだ」としなつひこの神は言った。「くによし。ティア・ウーバ星人はワシが作った」と神は話を続けた。

京都での講演会が三日後に迫っていた。ヒーリングを申し込んできた患者は二十人を超えていた。そこでヒーリングの日を三日間とした。その患者たちと私は一切の面識が無く読者も一人としていなかった。

一方、バーバラ・アン・ブレナン博士は伊勢の風の宮に根拠地を移し神業に入らなければならない時期が迫っていた。

翌日28日（火曜日）臼井先生は早朝から風の宮に居て神業をしていた。ヒーリングが無い日は伊勢にいると分かった。

この日、丸一日かけて私は臼井先生の神名を考えていた。ウィンでは軽すぎると感じたからである。甕男の「みか」を神名に折り込もうと私は考えた。

「み」の言魂《ことだま》は実、あるいは身のことである。

「か」は神とか輝くの「か」のことでもあり、また風の「か」でもある。そこで、「みか」に「美風」という漢字二字を当てることにし、次にしなつひこの神の「志」という漢字を書いてみた。「美風志」となる。

「し」の言魂は繁るの「し」で発展するという意味である。次に「臼井」の「う」を考えてみた。

「う」の言魂は生み成すの「う」のことである。すると「美風志生」と四文字が並んだ。その次の文字は大いに悩んだ。「うす」にすると臼井先生のイメージが強すぎる。そこで五番目の文字は「つ」を使うことにした。

「つ」の言魂は「創る、包む」の「つ」である。すると「美風志生包神《みかしうつのかみ》」となった。その意味するところは、

「生命を包み、育み、発展させる美しい風の神」である。私は白紙にこの神名を墨書して臼井先生が来るのを待った。

1月29日（水曜日）昼少し過ぎてバーバラ・アン・ブレナン博士が伊勢の風の宮に入った。迎えに来たのは「あやかしこねの神」だった。あやかしこねの神はしなつひこの神の親神で創造主の一員である。脊椎動物を創造した神である。普段は伊勢の風の宮におられる。あやかしこねの神はバーバラ・アン・ブレナン博士に、

「ちょっと伊勢に用事ができたからいっしょに来てくれ」とやさしく声をかけた。ブレナン博士はそのまま伊勢に入り、我が家に戻ることは無かった。京都講演会の前日だった。

私はしなつひこの神にお願いした。

「臼井先生をここに呼んでください」と。しばらくして先生は我が家に来た。

「ようするに、バーバラの代りをやれってことだろう」と先生は言った。私は何も言わずに彼の神名を書いた紙を見せた。

「なかなかいいね〜。気に入ったよ」と彼は言った。

この夜、我が家のヒーラーたちは臼井先生の歓迎会を大阪の大ホテルの宴会場で行なった。この会には多くの神々が参集したが、バーバラ・アン・ブレナン博士の姿はそこに無かった。

夜9時頃、ノストラダムスが会場から私に連絡してきた。ティア・ウーバ星から臼井先生の親神、タオさんが会場に来たと。

「くによしに謝りたいことがあるので明日そこへ行きたいと言ってる。どうする?」とノスが言った。

「私はタオさんに何の恨みも持っていないし、私の気持ち、心の中はノスが一番よく知っているのだから、私になりかわってノスがお相手してくれ。明日はここに来る必要は無いと言ってくれ」と私は答えた。この後、ノストラダムスが私の気持ちをタオさんに伝えたのだが、タオさんの気持ちが納得できなかったらしい。タオさんの親神、しなつひこの神が引き取って、タオさんと話をした結果、タオさんはしなつひこの神の中に入ることが決まった。つまりしなつひこの神の御魂分けが元の神に合流するということなのである。かくて、宇宙からタオさんは消えた。タオさんが私に謝りたいと言ったのは『続・神様がいるぞ！』の中に書いてある。宇宙技術導入ができなかったことに対する自責の念のことである。

翌日、京都のヒーリングで最初の患者は私と臼井先生とがペアを組んで行なった。その患者はもしその日にヒーリングしていなかったら数日後に死を迎えていただろう。

一ノ五　しなつひこの神の分身たち

タオさんの存在は宇宙から消えたが、タオさんの御魂分けの人々が日本にたくさん居ることが分かってきた。中には輪廻転生を終え神界に入った方々もいて、その内の一人が臼井先生である。こういった神界に居るタオさんの御魂を持った方や、今現在まだ人間をしている人々の内タオさんの御魂分けの人々の守護神はしなつひこの神がすることが決まった。

京都のヒーリングを無事終えて帰宅した後、2月7日にヨーロッパから三人のヒーラーが我が家を訪れた。この三人はヨーロッパにおける臼井先生のチームメートである。しかも三人共しなつひこの神の御魂の方々であった。生前の名を中村天風、津田左右吉《そうきち》、山本勘介と言う。

東京の文京区護国寺の隣に「天風会館」がある。中村天風先生の生前における実績を記録している記念会館である。その天風先生がヨーロッパのヒーリング・クインテットの一員として活躍していることをこの日初めて私は知った。

津田左右吉先生は「津田塾」の創始者である。山本勘介は戦国時代の軍師だった。

2月8日、私は一日を費して、この三名のヒーラーの神名を考えた。

中村天風先生の神名は「天之風志中之神《あめのかざしなかのかみ》」

津田先生は「疏世風志津田之神《そよかざしつたのかみ》」

山本勘介は「神倭風志元之神《かんやまとかざしもとのかみ》」

とした。その夜三人のヒーラーが我が家に来て「いいなー」と言った。

2月9日、大阪の大ホテルの会議室に神界のヒーラーが集合した。ノストラダムス、ドクター・パレ、武雄命、臼井先生、津田先生、山本勘介先生、中村天風先生、議長はしなつひこの神、オブザーバーは神倭姫命である。議題はこのヒーラー集団で日本のヒーリング・チームを結成することである。つまり、ヨーロッパで活躍していたヒーリング・クインテットが日本のヒーリング・クインテットと合流するという話である。従って神界のヒーラーが八人体制になる。全体の総指揮者はしなつひこの神で神倭姫命はその助手のような役目を勤めている。会議は夕方に終わり、八人のヒーラーの中心的役割は臼井先生が担うことが決まった。重い役割を持っていたノストラダムスが、

「肩の荷が下りてほっとした」と議場から連絡してきた。その夜、集まったヒーラーたち全員と神々との宴会になった。

翌、2月10日、ヨーロッパ・チームはヨーロッパの拠点に戻り日本へ引越す作業に入った。つまりヨーロッパから神界のヒーラーが消える。

このことがあって7日後、2月17日に天孫ににぎの命が我が家を訪問してくれた。その時の一問一答は次のようだった。

「天照皇大御神からくによしのことは聞いているので自己紹介はしなくてよい」と命様。

「命様は179万年前に九州に降り立ってより、その40万年後にいったん神界にお戻りになり、その後は1万年ごとに天皇の役職をお勤めになるため、地球にお見えになると文献で知りました。今日の地球訪問は一万年ぶりということなんですか」と私。

「そんなに長い間、神界にいたら、地球のことを忘れてしまうよ。ワシは数年おきに地球に来て、その時々の人間社会と文明を視察しているよ」と命様。

「ああ〜、そういうことなんですか。して今日は高御座《たかみくら》からお見えなんですか」と私。

「ワシは普段、高御座にはいなくて、宇宙の中心、天之御中零雷神の神界に居るんだ。だから今日はそこから来た」と命様。

「そうすると、ににぎの命様は上《のぼ》り魂《たま》なんですね」と私。

「その通り」と命。

「地球視察の後、お住まいはどこに？」と私。

「内宮が住まい」と命様。お神酒は何かと尋ねると日本酒を所望された。右の会話中、「高御座」は地球の上空にある神々だけが使用する異次元空間のことで、昔、いざな気の神と天照皇大御神が神界に昇り、再び地球に戻ってきた時に作られた領域のことである。また、上り魂とは、地球で生まれた神々が天之御中零雷神の神界に入り、そこで神修業をする神々のことを言い、反対に下《くだ》り魂《たま》とは神界から地球にやってきた神々のことを示す。下り魂は創造主の一員である。

ここでまた、5月11日の午後の話に戻る。時刻は午後3時半。天照皇大御神、天孫ににぎの命、大国主命、八大龍王が来宅。神々はそのまま大会議室に入り、取り付く島もない。大国主命様に和歌山の患者、百々子の親神がどなたか聞き出したいと思っているが、全然相手にしてくれない。会議用の紅茶とお菓子一式を供え、次にお米を研いだ。夕食のお供えの内、山菜ごはんの準備である。

午後4時ぴったりに天之御中零雷神が到着、すぐに大会議室に消えた。大会議室とは三次元世界にある我が家の一角のことではなく、しなつひこの神が創造した神界の家のことである。その神界の家は我が家に並行して存在している。この世とあの世とはパラレル・ワールド（並行宇宙という）になっている。

午後5時、神棚にお神酒を並べ、夕食のお供えを並べ始めた。同時に電気釜のスイッチを入れた。こうしておくと午後の6時にごはんのお供えができる。神々は午後7時に出雲へ出向くから、ちょうどよいタイミングである。この日最後のお供えの準備にかかった。鯵《あじ》の塩焼である。長さ1・8メートル、巾40センチの神棚がコップとお神酒と料理でいっぱいになっている。

最初に並べ終わった野菜料理の次に魚を置くのだが、鯵の塩焼にとりかかろうとすると、大国主命様が最初に声をかけてくれた。

「くによし、うまいな～。あい変わらず料理がうまい」と。腹の中からしみ出るような声である。

「ありがとうございます」と返事をした。予定通り全てのお供えが終わり、神棚と同じ料理を自分たちのテーブルに並べて、夕食を食べた。こうすると、お供えがおいしいかどうか改めてチェックができる。

午後6時50分、私は神棚の前に立って合掌。神様へお見送りの挨拶である。もし私が宮

司ならば、

「かしこみ～、かしこみ～、まおす～……」と言うところ、ここは我が家なので、神々には普通の人と同じように話しかける。そういうルールを作り上げてきたのである。

「一年間にわたる地球文明視察の最後の日に我が家に立ち寄っていただき、ありがとうございます。つきましては一言、お話しさせてください。私、死んだら、ノストラダムスと合流し、その後は親元に帰りたく思っています。親元とは宇宙の中心、天之御中零雷神のことです」と私は言った。

「うん、そうだな。ワシ、次に地球に来るのは60年後のことになる。従ってその前にくによしは神界に戻るということになる。それで良い」と神は言った。

「ありがとうございます」と私。そこへ大声を発して、大国主命様が声をはりあげた。

「その話、ちょっと待った！　それではワシが困る」と。

「エエ～、どうして？」と私。ノストラダムスがびっくりしている。

「予定ではそのようになっているはずだが……」とノストラダムスが心の中で言っているのが聞こえてくる。ここで神々はもう一度大会議室に入りなおした。出雲に行くのがおそくなりそうな気配である。

大国主命様が私の死後、ノストラダムスと合流をはたしてのちに私の役割、神としての仕事を考えていたらしいことをこの日初めて聞いて唖然としている私だった。

「困ったことになったなー」と酒に酔った頭の中で私は思った。神々は大会議室に入ったまま、一向に出てこようとしない。私の発言で出雲に集まっているであろう神々を待たせてしまっていることに気が気でない。7時半が過ぎ、8時になり、ついに9時を越えてしまった。大国主命様が神々に解散の指示をしたらしい。大会議室から一神が消え、しばらくすると、三々五々、お帰りになっていった。出雲もそうなっているらしい。私は酩酊が廻ってきたので寝室に入り、そのまま眠ってしまった。

昨日入ったFAXの件、ALSの患者のことを神々と相談できず、ついに5月11日が終わってしまった。こんな事は始めての事態だった。

一ノ六　九人目のヒーラー

翌日の朝、激しい雨音で目が覚めた。しかし前日までの仕事の疲れとその前の日からの寝不足のため、なかなか起きられない。雨音を聞きながら、うとうとする時間が続いている。午前9時、やっと寝床から起き上がった。すると、我が家にまだしなつひこの神が居るような気配を感じた。8日深夜に来宅して以来ずっと伊勢に戻っていないことになる。非常に長い間、しなつひこの神とお付き合いが続いているがこんなことは初めてだった。

「しなつひこの神様は伊勢に戻らなかったんですか」と私は尋ねた。すると、「しなつひこの神は伊勢に帰りました」と答が返ってきた。しかし、そのように答えた神はその波動がしなつひこの神と同じである。へんだなあーと心の中で思った。すると、「タオです」と言う。

「つまり、しなつひこの神から分離し、独立したということですね」と私。

「その通りです」と答。タオさんはしなつひこの神に合流した1月29日からおおよそ、百日後にまたしなつひこの神から出てきたということである。

1階の台所に下りて朝の仕度にとりかかった。前日のお供えの片づけにかなりの時間を要した。その間に時々、タオさんと話を続けた。

「大国主命と天之御中零雷神との話し合いは平行線を辿り、結局まとまらず、天之御中零雷神は夜明け前にここの家からまっすぐ神界へ戻られました。その後で、午前5時少し前に私は親神から分離したところです」とタオさんが説明してくれた。神棚のかたづけをしながら、タオさんと私との話が続いた。

「タオさんはこの家の担当になったんですか」と私。

「それもありますが、伊勢での神業もします。しなつひこの神がしている仕事の全てについて、手分けしてやっていくことになっています」とタオさん。

午前10時半頃、雨の音が止み、ついで空がゆっくりと明るくなってきた。そこに伊勢からしなつひこの神が来た。部屋に入ってくるなり、

「そこに居るタオについて、今までワシに接してくれたように、同じように付き合ってくれ。タオと打合わせは全部終わっているよ」と言った。続けて、今度は私のことについて、

「くによしは死後の件について何も予定は作っていないと神が言っているので、まっすぐ親神のところに戻っていいよ」と言った。

「ああー、よかった」と私。続けて、

「タオさんのことなんですけど、しなつひこ・ザ・セカンドが誕生したようなもんですね」

としなつひこの神に私は言った。昼が過ぎて、ようやくこの日初めての食事になった。

午後2時20分、天照皇大御神来宅。

「雲が厚くて仕事にならん」と言う。とりあえずアール・グレーの紅茶を入れお茶菓子を供えて合掌。ややあって、私の方から質問をした。

「ここに居るタオさんのことなんですが、しなつひこの神と姿、形はどう違うんですか」

と。

「うん、ワシもここへ来てびっくりしてるんだが、しなつひこの神が二人居るんだよな。それで何をどう対応していいのか困っとる」と天照皇大御神が言う。

「はい、そのことなんです。タオさんの以前の姿を他の神々はよく知ってるので、このままではまずいんじゃないですかネー」と私

「ワシもくにょしと同意見だ、何とかならないもんかネー」と天照皇大御神は言う。

「なるほど、分かりました」と言ってタオさんは姿、形を微調整し始めた。まず、しなつひこの神は白髪で、肩まで髪が下りていて、そこで水平にきれいにカットしている。しなつひこの神より一廻り小さくなり、髪を黒くし、さらに長めの髪型とした。眉毛と口ひげも真白でまるで仙人を思わせる顔立ちである。微調整したタオさんは15才位の少年のようになった。

「ワシの息子が生まれたようだ」としなつひこの神がよろこんで言った。

午後4時を少し過ぎて大国主命様来宅。開口一番、

「天之御中零雷神様との話はまとまらなかったよー」と言う。そしてすぐに新しいタオさんと話に入っていった。取り付く島がない。

午後5時になったのでお神酒とお供えをする。タオさん、お神酒は「日本酒」である。タオさんとの長い付き合いを通じて、初めての日本酒のお神酒である。と言うのは、ティア・ウーバ星人としてのタオさんはお酒は飲まなかったのである。アルコール類はほとん

どお供えしていなかった。百日ほどしなつひこの神に合流している間にすっかり日本人的になっていて、びっくりである。アルコール類だけでなく、野菜、魚のお供えも嫌っていた。従ってタオさんが我が家に居る間は他の神様が来ていても、お供えをすることができなかった。一通り、お供えを終わると、タオさんが私に質問してきた。

「明日のお供えのメニューはどのように決めていますか」と。お会いした日から初めての質問である。地球の食べ物はほとんど全て受け付けなかった人だった。

「特に決めていません。と言うのは明日、どの神様がお見えになるか分かりませんので。神様たちにはそれぞれ好みがあります。それと日本では季節ごとに食材が変わります。従って調理の方法は食材ごとに変える必要がありますし、その日の気象条件でも調理は変えます。涼しい日か、寒いか暑いかというのが問題になります。つまりお供えは無計画でして、いつも白紙の状態でその日を迎えます」と私は答えた。話はさらに続いた。

「あらかじめ、明日のお供えのメニューを決めるのは、天之御中零雷神とタオさんがお見えになることが分かった日の前日だけだったんです」と私は付け加えた。この二神にいかに廻りの神々が気を使っていたかを初めて明らかにした瞬間だった。

この日、5月12日は朝から雨が激しく、また午後も天気が回復しなかったため、夕方から外が冷えてきた。そこでこの日のメイン・メニューを湯豆腐の鍋と決めた。天照皇大御神が鍋料理を大変好まれるからである。これは本来、真冬の料理なのだが、この日はたまたま鍋料理の方が良いと感じた。それほど気温が下がってきたのである。食材はわざわざ買いに行ったのではなく、冷蔵庫の中にあったもので応用した。

「どうして今日は湯豆腐なの？」とタオさんがびっくりして私に質問してきた。

「今日、天照皇大御神様としなつひこの神様と大国主命様がお見えでしょ。お三方はこの鍋料理、大好きなんですよ」と私。小さなおもちゃのような電気プレートを神棚に置いてある。私と由美のテーブルには大きなホットプレートが置いてあって、そこで湯豆腐を作って、半分は神様にお供えする。神様と私たちとの夕食はまったく同一の食事なのである。

その夜9時から大阪の大ホテル宴会場に神々が集まった。目的は新しく生まれ変わったタオさんの紹介である。新タオさんは身じたくを整えて夜10時少し前に我が家を出た。10時にしなつひこの神から連絡有り。

「困ったよ〜、くによしが言ってた通り、以前からタオのことを知っていた神々が不信感を持ってしまった」と。

「そうでしょ。以前のタオさんとまるで別人なんだから信用しませんよ」と私。しばらくしてまたしなつひこの神が連絡してきた。

「よわったよ〜。タオはティア・ウーバ星人の元の形にはどうしても戻りたくないと言って皆の話を拒否しているんだー」と。

「そうしたら、新しい神の紹介ということにしましょう。私、今これから新しいタオさんの神名を考えてみます」と私は言った。

この後、タオさんの新しい神名を考え、「若風志多生神《わかかざしたおのかみ》」と大きな白紙に墨書し、会場にＦＡＸした。

このＦＡＸは三次元世界の物理的ＦＡＸではなく、神々に送信する時の手法である。自分の頭にＦＡＸをイメージし、大阪にＦＡＸすると想念する。夜12時になろうとしていた。

会場の新タオさんが反応し、「気に入ったよ」と連絡してきた。新しいタオさんが日本の神々に認識された一瞬だった。若タオさん歓迎会はさらに深夜まで続いていた。

翌朝、５月13日（火曜日）朝に目覚めるといつもよりずっと頭がすっきりしている。年に一度あるかなきかの壮快さである。誰か神様が私の寝ている間にヒーリングしてくれたに違いない。

「今朝、ここに居る神様は？」と尋ねると、

「若風志多生神」と答。タオさんである。

「すばらしいヒーリングですね、タオさん」と私。

「タオと呼ばないでください」と答が返ってきた。

「どうしましょうか、ワカカザシかワカタオさんか？」と言うと、

「ワカカザシ」がいいと言う。

神棚の前日のお供えを片づけていると、しなつひこの神が伊勢から連絡してきた。

「くによし～、昨日の神名の件はみんなにすごく受けてたぞ～」と言う。

「ありがとうございま～す」と私。

一ノ七　新しいヒーラー

タオさんのすばらしいヒーリング能力に感服しつつ、台所に立って13日朝の炊事をしていた。コップに新しい水を満たして神棚に供えた。その時、タオさんの声が聞こえてきた。

「私はこれから宇宙の進化した文明のことについて日本の神々に伝えていくことにします。その後で人々にも伝わっていくでしょう」と言う。

午前10時、ワカカザシの神タオさんが私に言った。

「17日から21日にヒーリングする患者のデータを見せてください」と。私はその時間までに申し込みがあった患者のリストとデータを神棚に置いた。和歌山でのヒーリングはタオ

さんが加わって、神界のヒーラー九人チームになるんだと思った。未だかつて、こんなに多いヒーラーとの共同作業はしたことが無かった。

夕方にしなつひこの神が我が家に入り、ワカカザシの神と和歌山でのヒーリングについて会議が始まった。

「和歌山では私の講演会後にこれを聞いた人が申し込んでくるはずで、今から患者数は決まらないと思えます。今日の時点でヒーリングを申し込んできている人というのは以前にヒーリングした人たち、あるいはその御家族の方々です」と私はブツブツ言いながら夕方のお神酒の仕度をしていた。

「今日は夕食のお供えは必要ないよ。酒のおつまみだけはいつものようにしてくれ」としなつひこの神が私に指示してきた。こういう日は夜にどこかのレストランでヒーラーが集合し、夕食かたがた次のヒーリングの会議が行なわれるので、しなつひこの神はそのレストランに出向くのである。この日はワカカザシの神も同行するはずである。

案の定、夜に二神は我が家から消えた。

翌日5月14日（水曜日）朝、神様は誰も我が家に居なかった。午前9時にワカカザシの神から連絡が入った。

「今、大阪に居て、和歌山でのヒーリングを申し込んできた人たちの体調を見ているところです。全部で六人を対象にしています」と言う。前日ワカカザシの神に見せたリストの人々である。この大阪の六人の患者さんたちは和歌山のS社を構成している御家族の友人や知人たちである。その中には2013年の12月初旬に大阪でヒーリングをした人々が数人いた。その時、その患者たちが、S社の関係者であることを私は知らなかった。

「今日、一日中患者を見ることにしたのでそちらには行きません」とワカカザシの神が連絡してきた。

昼前に千葉県船橋市の読者から電話が入った。この方は私が埼玉県狭山市に住んでいた頃からの古い読者で、私の出す本は全部読んでいるような人だった。単なる読者の域を超えている人で、私の東京講演会の企画を段取りしてくれるほどの人だ。

「主人が苦しがっていて、今寝室に寝かせています」という電話だった。

「我が家のヒーラーの誰かにそこへ行ってもらうことにしますので、御主人を動かさないようにしておいてください」と私は彼女に言って電話を切った。しかし、しなつひこの神とワカカガシの神たちヒーラーは大阪に居るはずなので、どうしたものかとしばらく考えた。

「千葉県船橋市の読者でJ子のことなんですが、御主人が苦しんでいる様子です。誰かヒーラーを行かせてほしいのですが」と私はしなつひこの神にテレパシーで連絡した。答はなかった。不安を感じていたが午後3時に神倭風志元之神（山本勘介の神名）から電話（＝テレパシーによる連絡のこと）が入った。

「今、J子の家に居る」と。

「いざな気、いざな実の神はどこに居るのですか」と私の質問。

「いっしょに居る。いざな気、いざな実が手に負えない事態になっているので、呼びに来た」と軍師勘介先生の答。J子の親神はいざな気の神なのである。そのいざな気の神が大阪に居たヒーラー集団のところに来てJ子の夫のヒーリングを依頼したということなのである。そこでヒーラー集団との協議で勘介軍師が選抜された、といういきさつである。

「J子の御主人の容態はどう」と私は軍師に聞いた。

「多臓器不全、心臓が原因」と軍師。午後3時15分、私はJ子に電話した。

「今、我が家のヒーラーが御主人の治療に入ってますので、御主人に動かないよう言ってください」と。しなつひこの神が軍師と連絡を取り合っている様子を感じた。

午後4時、バーバラ・アン・ブレナン博士がしなつひこの神に呼ばれ、J子の家に行った。だいぶ前、J子の御主人が心臓病で倒れた時はブレナン博士とノストラダムスとが治療にあたった経緯があった。この日は勘介軍師とブレナン博士がチームを組んでいる。

夜、ワカカザシの神が大阪での仕事を中断してJ子の家に行った。患者が重症であると分かる。

5月15日（木曜日）午前9時、ワカカガシの神から連絡が入る。

「今、J子の家に居て、施術後の様子を一人で見守っているところ。午前5時にしなつひこの神とブレナン博士は伊勢に戻った」と。

「御主人の容態はいかがで？」と私。

「心霊手術はとりあえず、うまく行った。フォローは私がします」とワカ。

午前10時30分、しなつひこの神が我が家に入った。

「昨日はバーバラと別のところでヒーリングしていたところに、くによしから連絡が入った。とりあえず勘介に行ってもらったが応援が必要なことが分かったので、バーバラに行かせた。バーバラはこの日二度目の出動になってしまい、疲労困憊だった。夜に、ワシと息子とが応援に入った。バーバラには今、休んでもらってる」と神。

「四神による治療だったんですね」と私。

「それと、今日、昼にワシの分身がもう一人ここに来る。風の宮での神業を午前中で切り上げてからな」と神は言った。

昼少し過ぎて、誰かが我が家に入った。しなつひこの神の分身に違いないと感じた。波動でそれと分かる。

「生前のお名前を教えてください」と私。

「岩倉具視《ともみ》」とその方は名乗った。びっくり迎天して声が出ない。岩倉具視は前の五百円札の肖像画の人である。1825年（文政8年）10月26日生、1883年（明治14年）7月2日没。58才だった。明治時代の右大臣で明治憲法創案者である。その方がしなつひこの神の御魂だったとは。しばらくしてようやく声が出るようになったので私は岩倉具視先生に質問した。

「輪廻転生を終えて、今は神界におられますか?」と。

「うん、そうじゃ」と岩倉先生。

「人間はどの位やってましたか」と私。

「2万年」と答。私、声がつまった。地球での輪廻転生の話ではないなと直感。そのことで質問すると、

「第7銀河団の他の銀河内惑星で初めて人と化した。その時はプレアデス系の人種だった。岩倉具視は地球人として4度目の人生で最初はヨーロッパに転生し、後に日本人として生まれた。しかし、元々しなつひこの神の御魂であるから、最後は風の宮で神界に入った」と説明を受けた。

「我が家に来たということはヒーリングに御興味があるんでしょうか」と私。

「うん、風の宮で仲間たちがよくヒーリングの話をするんで、興味を持った。あんたのヒーリングの現場は4月に見学したよ」と言う。

「4月というと大阪のことでしょうか」と私。

「うん、4月からヒーラー志願した」と岩倉先生。その大阪でのヒーリングは4月15日から19日までの5日間行なったのだが全部で二一人をヒーリングした。その内の1日は和歌山でのヒーリングとなった。そのヒーリングを岩倉先生が見ていたと言うのである。私が知らなかったことなのでびっくり。

「ヒーリングはどう見えていましたか」と私。

「あんたのヒーリング・パワーすごいね。本当に病気が次々に治ってるんだねー」と言う。

「ところで岩倉先生は今、神界に居て、神名はありますか」と私。

「神名はまだ無い」と答。私はしばらく、アレコレ考えた後で、十百風志医和之神《ともかざしいわのかみ》と白紙に墨書した。

「これでいかがでしょうか」と私。

「うん、なかなかいい」と岩倉先生。

そこへワカカザシの神が帰宅。午後1時50分だった。開口一番、「J子の御主人、もうゴルフに行っても大丈夫だよ」と言う。そこで私はJ子に電話した。

ワカカザシの神が言ったのと同じセリフだった。電話に出たJ子が感激して言った。

「昨夕方から主人の様子がだいぶ良くなってきました。今回は回復してますが、神霊治療が終わったばかりのようですので、今日と明日は外出させないようにして養生させます。神様たちにほんとに感謝です。先生にも感謝申し上げます」と彼女は言った。

午後3時、いざな気の神来宅。

「くによし、昨日からいろいろありがとう」と言う。

「な〜んにもしてません」と 私。

「今日はまた一神、新しいヒーラーが誕生しました」と私は言って、今しがた書いたばかりの岩倉先生の神名を壁に貼り付けた。

「うまいね〜」といざな気の神。

「我が家のヒーリング・チームはこれで10名になりましたが倭姫を入れると、イレブンですね〜。総監督はしなつひこの神ですが」と私は言った。サッカーチームが一組できたようなモンだ。

午後4時20分いざな実の神来宅。Jの御主人の御魂はいざな実の神である。

「くによし、昨日からありがとう。お陰で治ったわ」と言う。

この日いざな実の神は2日後に和歌山で行う患者のヒーリングのことで相談が始まった。17日の申込者の中にいざな実の神の御魂の女性がいるのである。

第二章　難病患者のヒーリング

二ノ一　筋肉を作る幹細胞

２０１４年5月16日（金曜日）、私と由美とは翌日に行く和歌山の旅支度を整えていた。前日まであまりにも多くの神事に付き合っていたため旅の仕度がまったくできていなかったのである。夜にようやく荷造りが終わって一休みしていると、ＦＡＸが二枚我が家に入ってきた。二枚共ヒーリングの申し込み書だった。

一通はＡＬＳの患者の叔母にあたる人で仮にヒロ子であるが、18日にヒーリング希望と書かれている。もう一通の申し込み書はヒロ子が書いたものであるが、ヒロ子の姉にあたる人でヒーリング希望日は18日となっていた。

さっそく神様にヒーリングの許諾をお伺いしなくてはならない。まず大国主命様に連絡すると、

「あすは、和歌山の会場に直接行くので、セミナーの手伝いを初めからするよ」と言う。

「ありがとうございます。心強いです。ところで今、ＦＡＸが二枚入ってきまして、ヒーリングの依頼です。この方々の魂の御親を教えてください」と私は言って、ヒーリングの申し込み書を読み上げた。するとヒロ子は木の神の御魂で、姉の方は天之児屋根命であることが分かった。そこで懸案となっていたＡＬＳの患者の百々子の魂の御親神のことも聞いてみた。すると「天照皇大御神」との答が得られた。

まず、木の神に連絡。ヒロ子のヒーリングについてお尋ねすると、

「明日は待ってるぞ～、駅まで迎えに行くからな～」と言う。続けて、

「ヒロ子のヒーリングは頼むよ。18日の月曜日、午前中ってことでな、よろしく」と言う。

次に天之児屋根命に連絡。

「明日の件だろ～、ワシなちょっと用事が重なっていて1時のセミナー開始の時間に間に合わないが、30分ほど遅れて入るよ。ヒロ子の姉のヒーリングの件はよろしく」と言う。

さらに天照皇大御神に連絡。

「明日は1時の開始時間に入るよ」と言う。百々子の件は何もコメントが無い。そこで百々子の氏名、生年月日、住所を述べてヒーリングの依頼書が来ていることを告げた。

「ヒーリングのことはとりあえず頼むよ」とそっけない返事。難病中の難病をヒーリングしようとしているのに。17日の朝の出発時間は早いので、とりあえず今日は早めに寝ようと決めた。そこにしなつひこの神から連絡が入った。

「明朝は由美の護衛のためそちらに行く。電車に乗る前に駅に行く」と言う。

「ALSの患者のヒーリング申し込みが来てまして、御親神は天照皇大御神なんですがヒーリング頼むとさっき連絡とれたところです」と私。

「ALSの患者のヒーリングをどのようにするつもりか？」としなつひこの神。

「筋肉を創る幹細胞を活性化させて、筋萎縮症をストップさせることができないものでし

ょうか」と私。
「ワシな～、遺伝子を治すという仕事はできないぞ～。それはな～、すくなひこなの仕事だぞー」と言う。ALSという難病に対するにはDNA治療が必要だと、しなつひこの神が言っているようなものである。しかもそのDNA治療はすくなひこなの神の専業だと言っているのである。ここで私は神との交信を止めた。眠くてしょうがない。寝室に入ってすぐ横になった。ところがなかなか寝付かれない。

私はずっと昔、建築現場から落ちて右足くびの骨を壊してしまった体験がある。接骨医は治らないことを私に告げた。ただし、ギプスは作ってくれた。ギプスをはずしたら、後は足をひきずるように、つまり「ビッコ」になると医者は私に宣告したのである。しかしその後で、私は正常な、普通の人と同じように歩いているし、もちろん走ることもしている。自分で骨折部を治し、かつ、自分でリハビリして完治させたのである。その時、骨折してからどのくらいの時間がかかったか憶えていないが、数ヶ月後のことだっただろうか。ギプスを取り去ると足全体の筋肉が失われており、骨と皮だけが残っているような状態になっていた。これは筋萎縮症だろうか。肉体の筋肉はこれを使わなければ衰えるものである。病気や怪我で入院し、何ヶ月もベッドの生活をすると、誰でも肉体の筋肉はやせ衰えるものである。しかし、その後でリハビリをすれば元の肉体を取り戻すことができる。これは筋肉を作る幹細胞が体の中にあるからである。肉体を作る幹細胞で有名なのが皮膚の幹細胞である。皮膚は毎日生まれ変わっているのである。

百々子の病状は治せるはずと思ったのはこういう裏付けがあったからである。DNA治療という高度なヒーリング技術を使うまでもないと思った。そんなことを考えている内にいつの間にか眠ってしまった。

5月17日（土曜日）いよいよ和歌山のヒーリングー・セミナーの日が来た。いつもよりかなり早めに起床。寝不足は新幹線の中で補うことにする。ワカカザシの神（タオさんのこと）が早朝から我が家に来てくれて道中の護衛をすると言う。ティア・ウーバ星からタオとして地球視察に来ていた頃、タオさんは地球の乗り物に興味を示していた。しかし実際にそれに乗るということはしなかった。今日は「地球人としての若タオ」として私たちの護衛をするにつきどうしても電車に乗らないといけない。タオさんが電車の中でどんな反応をするか私の方が興味深々である。

予定通りJR小倉駅の新幹線ホームに立った。駅弁二つとお茶二つを売店で買った。「のぞみ」が時間通りに静々とホームに入ってきた。さっさと指定席に行った。私たちが席に着くと同時にしなつひこの神と神倭姫命が列車に乗り込んできて私たちの前後の座席を専領した。ワカカザシの神は私の真横の席に座った。どういうわけかそこに客が来ない。由美が新幹線や飛行機で遠距離移動する時はいつも必ずこの護衛体型になる。しなつひこの神が創った由美の頭部にある生命維持装置が乗物の中でどのように働くかをチェックしているのである。ワカカザシの神が座っている位置にはいつもはノストラダムスが居るが、この日は彼にかわってワカカザシの神が座っている。初めての体験である。

ノストラダムスは先に和歌山入りし、この日にヒーリングする患者の動行を見ている。患者の容態が悪化して会場に来れそうにないようなケースが生じた場合は、私のかわりに先にノストラダムスがその患者のヒーリングを行ない、何としてでも会場に来れるようにするのである。

「のぞみ号」は小倉駅を予定通り出発し、すぐに関門トンネルに入る。再び外界の光の中に出てくるとそこは下関市のかなりはずれの山々の中である。次の広島駅到着まで50分ほどある。その間にこの日始めての食事をとる。駅弁を私と由美とが食べ始めると、ワカカザシの神が、

「おいしいな～」と感心して言った。日本の駅弁を生まれて初めて食べたのである。

「最近の駅弁はみなヘルシーでね～。健康ブームのせいなんだよ」と私。列車の旅を楽しんでいるワカカガシの神の様子を感じて、私はすごく安心できた。車に酔う気配はまったくない。外のながめも楽しんでいる様子である。いつもは上から見ていた風景が列車の中

だとまるっきり違って見える。

新大阪で乗り換え。「くろしお」は予定通り午前11時にホームを離れた。大阪と和歌山との府県境附近で木の神様が列車に乗り込んできた。電車は走っている真最中である。

「びっくりしたなーもー、和歌山駅で待っていてくれると思ってましたがー」と私。

「待つのが嫌いでなー」と神、私と由美とが座っている横の空席に座った。するともう一神、列車に飛び込んできた神がいた。宗像の市杵島姫神である。予め知らされていなかったが、S社の社長夫人の御魂が市杵島姫神であることをこの年の3月初めに教えられていたので、姫神がセミナーに立ち合うのだと分かった。くろしお号の中に五神集まっている。

午前12時、予定通り和歌山駅に到着。とりあえず、駅に隣接しているホテルのカウンターに行って荷物を預けた。ロビーにS社の社長夫人が迎えに来てくれていた。車に乗り込むと神々もいっしょに車に乗り込んできた。大きなワゴン車なので五神が楽々と入れる。運転手は社長夫人、市杵島姫神である。神々の段取りがすばらしい。車を運転しながら社長夫人が私に声をかけた。

「先生、昼食をどうしましょうか」と。

「私たちは昼食はとりません。でも3時の休憩時間にちょっと口に入れるものがありますので、コンビニに寄ってください」と私。南高梅のおにぎりを買うのである。車はやがて事務所に到着、私と由美とは会場に入ろうとして隣接する菜園に目が行った。通常の家庭菜園よりやや広い。4月に来た時と違う野菜類が育っていた。S家の方々が農業に精通していることを感じた。

なかなか事務所に入ろうとしない私と由美を見て、専務の奥様が事務所から出てきた。菜園を指さして、私は奥様に、

「じょうずですネ〜」と一言。

「当社が販売している農業用の土で野菜を作っていますが、無農薬有機農法でやってます」と奥様。

「おいしそ〜」と私。そう言いながら会場になる事務所に入った。

二ノ二　2014年5月17日

S家の人々にとって今回のヒーリング・セミナーの企画は私が仕掛人と見えていたに違いない。しかしそれは人間的視点のみによる判断である。実際の企画者は神であって、その神とは木の神である。私はそのことになかなか気づかなかったが今にして思えばこの初まり

は２０１３年の12月初旬であった。その時点から数えるとこの日は６ヶ月目のことだった。

セミナーは予定通り午後１時から始まった。会場はいっぱいの人々で席は埋まった。企画書ができ上がってからこの日までたった17日間のことである。Ｓ家の人々の親交の広さが分かる事態である。通常、企画からは３ヶ月はかかる事業なのである。

午後３時近くまでヒーリングの原理の説明が続いた。それは大変科学的説明だったが、波動に関しての話が中心となった。この日配った講演会レジメはＡ４版にすると８枚分に相当する。これは長年積み上げてきたヒーリングに関する講演会専用資料である。質疑応答も含めて講演は３時少し前に切り上げた。そこで休憩時間を宣言した。

「見事！」と木の神が最初に声をかけてくれた。

「講演会を重ねる度に話がうまくなるな～」といざな気の神が言う。いざな気の神は関西日本サイ科学会の研修会には常に立ち合ってくれていた。

「難しいヒーリングの話を実に分かりやすくしてくれているな～」と天之児屋根命が感心して言った。

小休止の間に私はヒーリング・ベッドの用意をした。と言ってもそれは大きな会議用テーブルである。S専務の奥様と予め打ち合わせしておいた通りにその会議用テーブルには適切なクッションが敷かれていた。

「くによし、この間に腹に一物入れておけ」としなつひこの神から指示あり。ここへ来る途中にコンビニで買った南高梅入りのおにぎりを食べた。

3時からはヒーリングの実技を参加者全員に見学していただいた。ヒーリングをしながら説明もする。教科書となっているバーバラ・アン・ブレナン博士の『光の手』を参加者に見てもらっている。特に下巻第22章のスペクトラム・ヒーリングの箇所説明に時間を費す。この章にあるヒーリングの仕方は別名、チャクラ・ヒーリングとも言われ、また霊気ヒーリングとも呼ばれている。その第22章にはバーバラ・アン・ブレナン博士がヒーリング・ベッドに寝かせている患者をヒーリングしている場面がイラスト入りで書かれていて、大変参考になる。そのヒーリングの場面を私が再現してセミナー参加者に見てもらうというのが本企画の主眼である。

患者になっているモデルは一人だけでよいので、当初の企画ではそのように設定し、終了を午後5時とした。ところが、セミナーの参加者をS家の人々が募れば募るほどセミナー当日にヒーリングを希望する患者が増えてついに五人の患者をヒーリングしないとならない事態になっていた。午後3時からヒーリングを開始して、患者一人当たり一時間をヒーリングに費すと仮定すると終了は午後8時となる勘定である。この日、私は午前8時より前に九州の自宅を出発し仕事の終了するまでの時間、12時間以上肉体労働をすることになる。67才を過ぎて、すでに現役の仕事を終了している身である。しかし患者たちは私のことを何も知らない。自分の体の不調や病気が治ればそれでよいとしか考えてない。エゴまる出しだ。ヒーラーの都合など毛の先ほども考えない。

元々、本企画は和歌山県在住のセミナー参加者を対象にしていた。講演会で私の話を聞いていただき、その後の日にヒーリングをするというスケジュールであった。セミナーの企画書にはヒーリングの日は18、19、20日と明記されているのである。ところが案に相違して大阪在住の方々がセミナーに申し込んできていたのである。その方々が17日当日、講演会の後でヒーリングしてくれるようにと申し込んできた。企画書には「大阪在住の方は大阪でヒーリングする」ことが明記してある。「仕事で忙しいので休めなくて、どうせ和歌山に行くのだからその日にヒーリングしてほしい」というのが17日の申し込み者であった。

第一章七節で5月14日朝、ワカカガシの神が大阪にいて、大阪在住の方で和歌山セミナー参加者の六人の体調を見ている話を書いた。5月17日の本番まであと三日という時点であった。その六人に我が家のヒーラー十人と総監督のしなつひこの神が付いた。

神は今と同時に未来を見ることができる。

「過去・現在・未来は同時に存在する」とセス（＝大国御魂神）は語る。

神々は5月14日に私の和歌山における17日の状態を見たに違いない。仮に大阪の患者をほおっておけば、ヒーラーとしての私の体がどうなっているかを見た。そこで三日前に対策を検討し、予めヒーリングをすべき人はヒーリングをしてしまうことを考えたに違いない。

「仕事を休んでまでヒーリングを受けには行けない」というのならヒーリングを申し込むのをやめるべきだ。

「自分の体を治すより今の仕事の方が大切」とその人たちは言っているようなもんだ。ヒーラーという視点からすると、

「あなたの病気はあなたの普段からの仕事が原因」ということになる。

「体を壊している原因の方が体を治すことより大事」と大阪の患者たちが言っていることを当の患者自身が気が付いていないのである。

翌日は日曜日。普段私は日曜日はできるだけ休むことにしている。がこの日は和歌山駅に隣接するホテルで早々に起床。朝食をとって外出の身仕度を整えて、迎えの車を待つ。

二人の女性がホテルの車寄せに車を止めた。一人は和歌山市在住のヒロ子でもう一人は大阪の堺市に住むヒロ子のお姉さんである。二人のヒーリングをこの日の午前中に行うことは5月16日夜に決まっていた。ヒロ子は第一章に早々登場している百々子の叔母である。

ヒロ子の御魂は木の神である。その堺市の姉は魂が天之児屋根命である。二人は木の神と天之児屋根命に付き添われて私を迎えに来てくれた。

天之児屋根命は天照皇大御神の分神。天照皇大御神はいつも空にあって地上を照らすのが役目なので、天照皇大御神に成り変わって地上の役割を果すのが天之児屋根命である。例の天孫降臨の時にその護衛の役割を担って地上に降りたった神であるが、ににぎの命が神界に戻った後も、地上に残って仕事を続けた神である。

木の神様、天之児屋根命様、お二人とも二日続けてヒーリングに付き合っている。車の中で私は運転手のヒロ子に話しかけた。

「S家の人々の御魂は木の神であなたの魂も木の神様です。S家の人々と息が合うでしょ」と私。

「道理で、昔から家族のように付き合ってました」と彼女は言った。

「他人でも同魂となると、そんな付き合いになってしまうもんですワ」と私。ヒロ子は首を縦にふって納得した様子で車のハンドルをにぎっていた。

やがて車はS社の駐車場に着いた。

この日最初のヒーリングはヒロ子である。ヒーリングを始めるにあたり、神界のヒーラーはどなたが担当するのかを神様に尋ねた。すると、「しなつひこの神」と答。何と総監督自らがヒーリングを担当するという。びっくり仰天した。木の神、しなつひこの神は共に人類創成の創造主チーム一員である。仲が良い。木の神の御魂を持つ人間のヒーリングはしなつひこの神が直々に行うことが分かった。ヒロ子のヒーリングは30分で終了した。次はヒロ子の姉である。

ヒロ子の姉様のヒーリングを開始する前に担当のヒーラーはどなたであるかを神に尋ねた。すると「ワカカガシタオの神」と答。しなつひこ・ザ・セカンドが直々にヒーリングするという。またもやびっくり仰天である。

「病気のデパート」ヒーリングを開始するとそのようにすぐイメージが来た。死期が近づいていた。天之児屋根命がどうしてこの人をヒーリングしてくれと言っているのかわけが分からないままに、とにかくヒーリングは行なった。ヒロ子の三倍以上の時間がかかる。後にタオさんのヒーリング技術のすばらしさが改めて認識された。

二ノ三　木の花咲くや姫

5月18日の午後はヒーリング申し込みが一人あって、女性であった。この人の魂がどなたであるか神様にお伺いしようとすると、

「私です」と女神様。木の花咲くや姫様だった。

「これはこれは大変御無沙汰しております。今年の正月以来ですかね。今日はお忙しいところ、わざわざ和歌山まで御出張ですか」と私。

「エエ、兄に呼ばれましたので」と姫。兄というのは木の神のことである。

「この子（患者のこと）の守護は兄に頼んでありました。今日は兄が非常に忙しいとのことで私、ヒーリングに来ました」と姫。木の花咲くや姫神は富士宮市にある浅間大社の祭神である。富士宮市は静岡県にある。２０１３年7月1日に富士山が世界遺産に登録されて以来、富士山を訪れる人々が急増し、この浅間大社にも参拝客がものすごく多くなっている。

「お忙しいところ、わざわざ……」と挨拶した私の言葉は単なる時候の挨拶ではなく、ほんとうに姫神が大忙しなのである。その以前はよく我が家に来てくれていたのだが、２０１４年は正月以来の出会いだった。

「ところで、姫様の御魂の人のヒーリングは今日、初めてと記憶しています」と私。そこにもう一人神様がお見えになった。かしこねの神で、しなつひこの神の親神である。

「それはな、くによし、普段はワシらの関係者は自分たちでヒーリングしているからだよ」と神。ここでかしこねの神の言う「ワシら」というのは前著『続・神様がいるぞ！』の52頁に書いた神々のことである。

「くによし、昨日のセミナーの時、最後に質問をしていた子のことなんだけど」と姫神が言った。

「はい憶えています。彼女は大阪市内にお住いで、20日に大阪の帝国ホテルでヒーリングすることが決まっています。木の花咲くや姫様はその時、来てくれますか」

「もちろん」

「20日はよろしくお願いします」

「それで、その子のことですけど、彼女九州の出身で、実家に帰るところです」

「はい、そのことも彼女から聞いています」

「九州の実家に戻る前に、浅間神社に参拝するように言ってほしいの」

「分かりました。必ず伝えます」


この日午後の患者が事務所に着いた。さっそくヒーリングを開始。神界のヒーラーは木の花咲くや姫とかしこねの神。お二方共、人類創生のプロジェクト・チームの創造主である。

ヒーリングは順調に進み、そして終えた。私は宿泊先のホテルに戻った。


その夜、私はなかなか眠りにつけなかった。明日のALS患者のヒーリングをどのように進めようかとあれこれイメージを積み重ねていた。その時、白血病の患者をヒーリングしたことその日の様子が脳裏に浮かんだ。

その患者は京都に住んでいる男性である。ヒーリングをした日は2月1日（土曜日）で時間は午後2時だった。この三日前に臼井甕男先生が我が家のヒーリング・チームに加わり次の日から京都でヒーリングを開始したばかりであった。

ヒーリングの申込み書は1月26日午後9時20分にFAXで我が家に届いていた。その日はまだ臼井先生が我が家でのヒーリング・チームに参加することが決まっていなかった。このヒーリング申し込み書は白血病の患者が書いたものではなく、彼の母親が書き送ってきた文章である。彼の母親とは、この京都のヒーリング・セミナーの主催者である。

患者は今年38才で2児の父親になっている。発病したのは18才の時だったとその申し込み書に書かれていた。

私はただちに大国主命様にお尋ねして、その人が天照皇大御神の御魂であることを知った。そこで天照皇大御神にヒーリングの許諾を尋ねたところ、

「くによし、たのむよー」との答。京都のヒーリング・セミナー企画者の夫は天照皇大御神の御魂であることを予め調査してあったので、親子ともども魂が天照皇大御神であることをこの日初めて知ることになった。何かしらただならぬ状況があることを感じていた。白血病の患者のヒーリングは初めてだった。天照皇大御神が私に、

「白血病の患者のヒーリングはどのようにするか」と御下問である。

「血液を作る幹細胞があるのだから、その細胞を活性化し、かつ、白血球の数を正常な値に戻せば良いのでしょ。血液を作る幹細胞は脊椎の中の脊髄液にあり、主に胃の後あたりに血液製造工場のような所があります。つまりこれは第三チャクラのヒーリングということになると思えます。患者の第3チャクラBが壊れているのでしょう。チャクラ・ヒーリングが全て終わった後で脊椎全体のヒーリングを背中から行うことにします。また、脳神経のどこかに異状があるはずです。というのはこの人、18才の時に発症したと申し込み書に書いてありますよね。多感な時代です。これから大学に進学する時、これは脳に大きな負担がかかる時でもあります。自分の精神的、肉体的能力の限界を超えてしまったから発症したのだろうと考えられます」と私は天照皇大御神に申し上げた。すると天照皇大御神は隣に居たしなつひこの神と何事か相談している様子だった。

神棚のしなつひこの神の隣のコップは天照皇大御神のコップなのである。

2月1日（土曜日）、白血病患者の神界側ヒーラーはしなつひこの神であった。この京都でのヒーリング企画が終了して我が家に帰って数日後、ノストラダムスが白血病の患者についてレポートしてきた。

「彼は4月中旬までに完治するだろう」と。それはその患者の38回目の誕生日を意味していた。

右文中、チャクラBというのは背中側のチャクラを意味する。この件についてはバーバラ・アン・ブレナン博士の『光の手・上巻』の101頁を参照してください。そのイラストの中に書かれているように、背中のチャクラは「意志のチャクラ」と呼ばれている。京都の彼は自分の意志によって、自らのチャクラを壊してしまったのである。つまり、自殺行為を強行していたということなのである。ただし本人はそう考えていなかったに違いない。「競争社会を通じて、勝者になりたかった」だけなのである。因みに私の長男は彼とまるっきり同じ年齢である。息子をヒーリングしている感じはなかった。感覚的にものすごい老人のヒーリングだった。死を直前にしていたから。

京都の白血病患者の御魂は天照皇大御神でヒーリングの主題は「造血幹細胞の活性化」だった。明日のALS患者の御魂も天照皇大御神で主題の「筋肉を作る幹細胞の活性化」である。その日を前にして私は昨年の12月にヒーリングしたパーキンソン病の患者のことを思い出していた。この人も魂は天照皇大御神なのである。年は81才。

その人は2012年秋の関西日本サイ科学会研修会で私が講師を勤めた時、会場にお見えになっていた。大阪府大東市在住でその市の名士、つまり有名人である。その時は大変お元気であった。パーキンソン病はその後に発症したらしい。

「医者に相談したら、この病気は治らないと宣告された。治せない医者にいつまでも看てもらったってしょうがない。ぼくは池田君に治してもらおうと思って今日来たよ」と

筋肉再生関与の遺伝物質

京大発見 iPS応用の可能性

京都大再生医科学研究所の瀬原淳子教授（発生生物学）らのグループは、筋肉の再生にマイクロRNAと呼ばれる遺伝物質の一種が大きく関わっていることをマウスの実験で明らかにした。

筋肉が徐々に衰える難病「筋ジストロフィー」を人工多能性幹細胞（iPS細胞）で治療する再生医療に活用できる可能性があるという。研究成果は、英科学誌ネイチャーコミュニケーションズのオンライン版に14日掲載された。

瀬原教授らは、筋肉細胞のもとになる「骨格筋幹細胞」を観察。細胞内で「miR―195」や「miR―497」と呼ばれるマイクロRNAが働くと、細胞が筋肉細胞になる能力を維持できることを発見した。

通常の骨格筋幹細胞は試験管内で培養すると筋肉細胞になる能力を失うが、このマイクロRNAを加えてから筋ジストロフィーのマウスに移植すると、筋肉の再生が確認できたという。

マイクロRNAは、細胞内の遺伝物質であるリボ核酸（RNA）の小さな断片で、遺伝子の働きを調節することで、さまざまな生命現象に影響を与えると考えられている。

瀬原教授は「さらに詳しく筋肉再生のメカニズムを解明し、ヒトでも同じ仕組みがあるかどうか調べたい」と話している。

産経新聞平成26年8月15日　

彼は私に言った。２０１３年12月９日午前９時30分、きっかりに彼は私が宿泊しているホテルの部屋に入ってきた。病人用の杖をついて、足を引きずるように歩いてきた。一年前に出会った時とまるで違う老人と化していた。ベッドに横になっていただき、すぐにヒーリングを開始した。30分でヒーリングは終わった。第６チャクラが壊れていたのである。

「もう終わりかい」と彼は言った。

「歩いてみてください」と私。靴をはきなおして、部屋の隅から隅へとスタスタ歩いた。

「ほんとだ、治ってる。ありがとう、池田君」と患者は言った。彼はこの後で一万歩歩いたと礼状に書いてきた。その手紙は大事に私の書斉に保管されている。パーキンソン病は自己の精神的、知的、肉体的能力の限界を超えると起きる病だが、第６チャクラを壊してしまったために発症する。かつて、ヨハネ・パウロ二世、ローマ法王が患った病気であるが、数十億いる信者の誰も彼を治すことはできなかった。この後、和歌山から母と娘が部屋に入ってきた。名前はＳという。Ｓ社の専務の妻とその娘だった。

二ノ四　ALS患者のヒーリング

いよいよ5月19日（月曜日）の朝を迎えた。予め打ち合わせた通り、ヒロ子がホテルに迎えに来てくれた。昨日の朝と違ってヒロ子はピカピカに輝いていた。まるでどこかのエステサロンで磨いてきたような感じである。さらに15才位も若々しく見える。お孫さんが数人いる年にはとても見えない。彼女と私とは誕生した年が同じである。私にも孫が四人いる。まだ会ったことが無いのだが。

彼女のオーラが美しく輝いているのである。チャクラ・ヒーリング後の女性は誰でもがこうなる。へたなエステよりものすごい効果だ。年齢的にも十数年若々しく見えてくるものなのである。私は迎えの車に乗り込んだ。

「百々子のヒーリング時間はどれくらいかかりますか」とヒロ子はハンドルを握ったまま私に質問した。

「初めてのケースなんで、ヒーリングの時間が分かりません。それで、午前中の患者はこの人、一人にしてまして、午後の患者には待ち合わせ時間を言ってないのです」と私。

車はやがて百々子の家に着いた。患者は居間の片隅で様々な医療器具に囲まれベッドに横になっていた。その周囲で忙しく立ち働く若い女性がいた。私はその女性に自分の名刺を差し出しながら自分の名前を言った。彼女は自分の小さなポシェットから名刺を出して私に手渡してくれた。見ると医療法人に所属している「理学療法士」だった。

「これから手翳しのヒーリングをしますがもしよければ見ていただけますか」と私は彼女に言った。

「ぜひ見学させていただきたいのですが、今日はこれからもう一人の患者のところへ行かなくてはなりません。とても残念です」と彼女は言った。

患者を見ると、私がヒーリングできるスペースが無い。私は右利きなので患者の右側に身を置かないとならない。ところがそこは壁なのである。しばらく考えてから私はヒロ子と療法士さんに頼んで患者をベッドの左側に寄せてもらうことにした。こうすると壁と患者との間に少しスペースができる。患者と私とは一つのベッドの上に居ることになる。この時私はつくづく自分の体のことを思った。ものすごく痩せているので体重が軽く（49キロ）それでいて体が柔らかなので、少しのスペースさえあればヒーリングできるので良かったと思った。

私はまるで曲芸師のようにヒーリングを開始した。両足は正座のように折り曲げている。こんなヒーリング姿勢はブレナン博士の教科書にはない。米国人ヒーラーと日本人ヒーラーの違いである。日本家屋では畳の部屋が多い。そうした畳の部屋でヒーリングしてきた多くの体験がここで生きた。由美の父親も畳の上でヒーリングしていたのである。

「百々子を担当する神界のヒーラーはどなたですか」と私は神に尋ねた。すると、

「バーバラ・アン・ブレナン博士」と答。

「今日は早朝から伊勢を出てこの現場に来てくれたんだ。ありがとうございます」と心の中で言った。

「しなつひこの神が総監督。立会いは天照皇大御神。くによしのバックアップは木の神」と神の声が続く。

「くによし、患者は第一チャクラ、第三チャクラ、第五チャクラ、第七チャクラが壊れているぞ。その部分で手翳しの時間を充分に取るように」としなつひこの神が指示してきた。

「ほとんど死の直前ですね。これでよく生きているもんだ」と心の中で思った。私は自分の右手を患者の足首に置き、左手を患者の膝《ひざ》に置いた。ブレナン博士の『光の手・下巻』の156頁イラストに書かれている通りである。骨と皮だけになった足に思えるが筋肉が少しは残っている。そこでその筋肉を作り出す幹細胞を活性下しようとイメージした。左手を膝に置いたまま右手は患者のふくらはぎをそっとなでるように、しかしヒーリング・パワーは全開の状態にした。左右の下肢にパワーを入れた後、こんどは上肢に同様にヒーリング・パワーを送った。

次はチャクラ・ヒーリングに入った。壊れているチャクラをブレナン博士が治す時間

の分だけ私はその箇所にヒーリング・パワーを送り続けた。その時、私の手は空中にあって患者の体に触っていない。第五チャクラのヒーリングが終わって私は患者の両腕のヒーリングを試みた。

「私の手首を握ってみてください」と患者に私は言った。彼女の右手が私の手首を握った。案外と力が強い。

「OK、これなら治るよ。少々時間がかかるけど必ず治りますよ」と私は患者に言った。患者の両腕に私はヒーリング・パワーを思いきり入れた。第六チャクラのヒーリングを終わり、最後の工程に入った。

第七チャクラの修繕が終わった時、私は暑くてたまらず、いったんヒーリングを中止し、必要なヒーリングは一休みの後で行なうことにした。ベッドから下り、水を一杯いただいた。時計を見るとヒーリング開始からちょうど一時間が経過していた。私は庭に出た。外の空気に触れて気分転換するためである。しばらくして居間に戻り、再びヒーリングのために患者のベッドに近づこうとした時、

「くによし、今日はこれで良い。後はワシらがやるから、ホテルに戻れ」としなつひこの神から指示あり。私はヒロ子といっしょに百々子の体をベッドの中心に置きなおした。

「神様がホテルに帰っても良いと言ってますのでこれでヒーリングは終わります」と私はヒロ子に言って、ホテルへと送ってもらった。

二ノ五　幽体離脱

　その夜、宿泊先のホテルで眠っていた時のことである。光が眩しくて目を開けた。カーテンがしっかり閉まっていないのかと思って起き上がった。しかし、カーテンはしっかりと閉まっていて外からの光は無かった。時計を見ると20日の午前2時をだいぶ過ぎていた。再びベッドに戻って横になるとライト・ボディの百々子が天照皇大御神に伴われて空中に立っていた。

「あなたは建築家なんだそうで、医者ではないと聞きました。医者でもない人がどうして人の病気を治せるんですか」と百々子は質問した。

「手翳しのヒーリング技術のことをあなたは知っていますか」と私。

「そんなもん、知りませんよ。何かインチキ臭い話ですよ」と百々子。これは困ったことになってきたぞと私は思った。百々子は医者であるが、チャクラヒーリングとか霊気ヒーリングについて知識が無い。どのように説明したらよいのだろうかとしばらく考えていた。昼間だと文献や私が持っている資料で手翳しのヒーリングとその効果について説明できるのだが、今は横に由美が寝ている。部屋の電気をつけるわけにはいかなかった。

「バーバラ・アン・ブレナン博士という方がおられて、彼女、医学博士なんですがね。ヒーリングの体系を本にしました。世界中のヒーラーのバイブルとなっている本です。私はその本によってヒーリングテクニックを学びました」と私は無言で彼女に語りかけた。声を発することができない。隣の由美を起こしてしまうからである。

「そんな医学博士の本なんか私は知りませんよ」と彼女。続けて、

「あなたは、そもそもどこで医学を学んだんですか」と質問。

「私、東京工業大学建築学科の卒業生でして、医学は学んでいません。ただし、私の魂の半分でノストラダムスという人が居るのですが、医学についての知識は彼から教わってます」と私は彼女に言った。

「ノストラダムスって何のことよ。私そんな人知りませんよ」と彼女。よわったな〜。どうやってヒーリングの説明をしようかとまた、私は考え込んでしまった。

「物質は全て個有の波動を持っています。人間の肉体は物質で構成されており、人間も個有の波動をその肉体から発しています。病気をしている人の波動は健康な人の波動よりずっと落ち込んでいます。ですからその患者の波動を修正することにより、その患者を病気から回復させることができるんです」と私。百々子は振り返って天照皇大御神に話をした。

「この男いったい何を言ってるんですか」と。百々子は科学に弱いらしい。医者であるが。化学方程式のいくつかは知っているに違いないのだが、人間を波動の固まりとして見る考えが無いのである。つまり、物質は元々何によって作られているかを理解できてない。水はH_2Oの化学式で示され、波動の測定はできている。その波動の話なのだが、何のこと

か分かってない。天照皇大御神が百々子に何か話しているらしい。

「くによしは今、ヒーリングの原理を説明しようとしているんだよ」と。

「この人、私に触ってなかったですよ。いったいどうして、そんなことで病気が治るんですか」と神に言っている。

「ヒーラーは自分の手からヒーリング・パワーを患者の患部に注ぐことができるんです。ヒーリング・パワーとは人が本来持っている生命エネルギーでして、それなくして人間は生きていることができないのです。生命エネルギーの源は宇宙に無尽蔵に存在している光のエネルギーです。それをバーバラ博士は宇宙エネルギーと定義しています。この宇宙エネルギーは物質を構成する以前の純粋なエネルギーでして、いくつかが集まって電子、原子を作り出します。原子は陽子と中性子とで作られていますが、陽子や中性子の原料は宇宙エネルギーです。人の体には七つのチャクラがあります。宇宙エネルギーは人のチャクラから入ってきて、脊椎の中に導入されます。すると圧縮された光のエネルギーは血液によって心臓に集められます。心臓を通過した光のエネルギーはそこで生命エネルギーに変換されるのです。つまり、生命エネルギーは食べ物から取っているのではないのです。ヒーラーは自分の意志でこの生命エネルギーをコントロールして、人の患部に注ぎ込みます。すると、例えば癌細胞は分解されて消えるんです。何の話をしているか分かりますか百々子さん」と私は幽体の百々子に優しく語りかけた。大学の教授が一年生に科学の何たるかを教えているようなもんだ。特別講義の時間である。私、東京工業大学卒なんで、数学、物理学、化学の話になると止まらない。建築学はそれらの基礎学問の集大成の上に成り立っているのである。それだけでなく、美術、つまり、アートでもある。美しい建築はその建築家の芸術的センスによって決定づけられる。建築家は芸術家でもある。しかし、医者でないことは確かである。百々子が不思議に思っているのは無理からぬものである。

「どうして医者でもない建築家が病気を治せるのか」と不思議に思っている。

「生命エネルギーたるヒーリング・パワーは私の手の平に集まり、まるで七色の水滴のようになって患者の体の中にしみ込んで行きます。見ることができる人にとって、それはまさしく光のシャワーとして見えるんです。人間のヒーリング・パワーは非常に濃くて、患者の体の中に入ると、血液に乗ってその人の体中に行きわたります。すると、神界のヒーラーや神々が、そのヒーリング・エネルギーを原材料として病気となっている患部を正常な形に戻します。心霊手術と言います。脳神経でさえこのエネルギーを使って再構築できるんです。だから脳梗塞によって脳細胞が破壊されてしまっている患者の患部でさえ治すことができるんです。ヒーリングは本来、神々がしている仕事なんですが、ヒーラーは神々が仕事をしやすくするため、補助的に存在しているのです。あなたが言うように確かに私は医者ではありません。ですが神々が私のヒーリング・パワーを必要としているんです。これがヒーラーというもんです。建築家がヒーラーであっても決して不思議ではないはずですが」と私。

「百々子さん、私が何を言ってるか分かりますか」と幽体に言う。かなり混乱しているようである。

「私がインチキな話をしているんですか。詐欺師に見えますか」と私。

「そもそも、私はあなたの病気を治さなくてはならない立場にはありません。断ることはできました。でも私があなたのヒーリングを断ったら、あなたの叔母さんたちがとても悲しがったに違いありません。わたしはあなたが死のうと、何となろうと、何の関係もありません。ヒロ子さんの御魂は木の神様ですが、ヒロ子さんの悲しみは木の神様の悲しみでもあります。私は木の神様を悲しませたくなかったのです。和歌山に来た理由はそこにあります」と言って、もう一度百々子の魂をみた。何をどう返答してよいかとまどっているようである。私は話を続けた。

「人間は霊的な存在です。生物学上、人間は霊長類と分類されています。その生物学という学問は科学です。あなたは小学生の時にその過程を経験してますよネ。『人間は霊長類である』という理科のテスト用紙にあなたは◯をしたでしょ。だから小学校を卒業できたのでしょ。人間は肉体と魂と意識との三相構造によってできています。私はこれを三身一体の構造であると言っています。魂はエネルギーですが、神のエネルギーの一部です。魂は今、ここに来ているあなたのことです。魂は肉体と同じになってます。目も鼻も口も手も足もあります。今、あなたはそのようにして、ここにいる、その存在そのものです。あなたが死ぬと、今のその体になるんです。分かりますか、百々子さん」と私。

「ライトボディになるんです」とさらに念を押す。

「人は誰でも魂のことを知っていますし、死んでも魂は残ることを知っています。各家庭には仏壇があって、先祖代々のことを知っています。他の動物はそんなこと問題にしませんよね。亡くなっている人々のことを考えることができるのは人類だけなんです。それと、人は誰でも神様が存在していることを知っていますよネ。正月には神社にお参りしますでしょ。今、あなたはあなたの守護神たる天照皇大御神とお話ししているではありませんか。あなたは今、生きているんですよ。肉体は家に置いてきていますがね。そこで医者のことなんですが、全ての医者のことではありませんよ。一部の医者はと言っておきます。その医者たちは人間の肉体の部分のみを見てその病気を治そうとします。それが間違いだと言っているのではありません。病気の原因はその人の精神状態、つまり意識にある場合が大変多いのです。要するに、その人の意識がその人の肉体を破壊してしまっているのです。自殺行為を毎日しているようなもんです。ヒーラーはその意識体にも働きかけて、その人の精神を浄化できるんです。医者とヒーラーとは違うんです。ヒーラーは病気を治すことができるんですが、医者ではありません。ですので、私を医者と同類にあつかうのはやめてください。あなたと同次元の人間ではないのです。ヒーラーを今の医師法と同じ次元であつかってほしくはないのです。ヨーロッパではヒーラーを公認している国がありますが日本ではまだそうなっていません。さて、人の死は必ずしも悪いことではありません。魂だけの存在になると人は誰でも親神の元へ帰り、次なる人生を設計し始めるのです。あなたは今、明日にも死ぬような事態になってますが、生きようとしてます。なぜ、そのような体になってまで生きたいのですか。私の想像ですが、あなたが産んだあなたの子のことを思っているからでしょ。あなたの子はまだ小学生のようですね。今死ぬわけにはいかないんですね。元の体をとり戻したいんでしょ」と私。

小鳥たちが美しい鳴き声でさえずりをはじめた。窓外の木々に集まってきているらしい。百々子の幽体と天照皇大御神の姿が光の中にとけ込んで、やがて消えていった。私は少し眠ることにした。

5月20日、午前中にS社でもう一人の女性をヒーリングして、昼にヒーリングの会場を大阪に移した。

二ノ六　守護神がいない患者

ヒーリングを申し込まれると、私は大国主命様にお伺いを立てて、その患者の守護神を特定することにしていると述べた。その時、その患者に守護神がいない場合が少なからずある。ヒーリングすべきか、断るべきか私をおおいに悩ませる事態である。

守護神がいない人というのはその人の魂がＥＴの魂であるケースが大変多い。ＥＴとはExtra Terrestrial（エキストラテレストリアル）の略で、その意味は地球外生命体、つまり異星人のことである。

スコット・マンデルカー博士の研究によると、地球人の四十億人はＥＴの魂を持つ人々だそうだ。かつて私は大国主命様に日本人の中でＥＴの魂を持つ人がどれくらい居るのかお伺いしたことがある。その時、大国主命様は「およそ、一千五百万人」と答えた。日本人全体で１割以上の人口である。つまり、日本人が十人集まると一人か二人は必ずＥＴの魂の人が居るということだ。

元々、地球人は他の星から来た人々が原型になっている。系列的に言えば、シリウス星人系、プレアデス星人系、オリオン星人系、ティア・ウーバ星人系、クラリオン星人系等々である。そもそも地球人の祖先は地球で生まれていないという話を神々としていた時、たまたまそばにブレナン博士がいた。

「エ～ッ、そんな～」と彼女はびっくりした。科学者は地球人の祖は今からおよそ、２００万年前にアフリカの大地溝帯（フォッサマグナ）付近で生まれたという説を持っている。それは細胞中にあるミトコンドリアが人類共通であり、その最古の化石がアフリカで見つかっているからというのが根拠となっている。大地溝帯は大断層でその周囲には地震が多い。仮に今から1万4000年ほど前に地震に遭遇したアフリカ人の女性がいたとする。その女性は大地の割れ目に落ちた。そこは200万年前の地層であった。地震が終わるとその割れ目は再び閉じ、女性はそのまま化石になったとも考えられる。つまり今見つかった人骨は200万年前の人ではなくて、現世人類の一人だったかもしれない。

科学者が持っている根拠が問題となる。炭素の半減期を利用した年代測定法は非常に誤差が多いことを科学者は注意すべきだ。

ノーベル賞受賞の科学論文は半数が後に間違いであったことが立証されている。非常に多くの人々がこの事実を認識していない。科学の世界にも絶対は無い。だから科学的研究は無駄であると言いたいのではない。それどころか科学研究は非常に大事なことだと思っている。物事は確率的に起こると言っているのはセス（＝大国御魂神）である。ブレナン博士がびっくりした話というのは「洗心」の教えを広めているザ・コスモロジーの論文を読んでいた時のことであった。その論文は『あしたの世界・Ｐ３』に載せてある。その論文の正しさはしなつひこの神が後押しした。さらに徳間書店刊『超巨大宇宙文明の真相』（ミシェル・デマルク著）の内容は全て正しいことを明言した。そのしなつひこの神は今年一月に、ティア・ウーバ星人は自分が作ったと証言した。

日本に転生してきているティア・ウーバ星人の魂を持つ人々はしなつひこの神の守護の下にある。従ってヒーリング時には何の問題もない。ところが他のＥＴの魂の人々のヒーリングは大いに問題である。

今年の4月13日夜11時10分にその問題のＦＡＸが我が家に入った。ヒーリングの申し込み書である。40代の大阪府在住の女性であった。仮にA子としておく。たまたまこの日はしなつひこの神と大国主命様が我が家に居た。そこでさっそく、このＦＡＸの主の守護神のことを大国主命様に尋ねたところ、

「ＥＴだな〜」と大国主命様がぽつりと言った。そこで私は、

「どの系列のＥＴで〜」と言った。少しの間があって、

「うん、シリウス系の魂のようだ」と大国主命様。

「ヒーリング、断りましょうか」と私はつぶやいた。答が無い。ややあって、しなつひこの神が言った。

「その子なぁ〜、シリウス系とはいえ、元はと言えばワシの魂だ」と。

「そうすると、この人の場合だけは守護神がしなつひこの神ということになりますね。それじゃ〜、ヒーリングしましょう」と私。

こんなやりとりを神々としている最中、さらにもう一枚のＦＡＸが入った。午後11時21

分になっていた。FAXの差し出し人は先ほどのA子なのだが、A子の母もヒーリングしてほしいという内容であった。ただちに大国主命様に尋ねた。すると、

「またETだな〜。今度はプレアデス系だな〜」と大国主命様。

「どなたか地球の神様が守護に付いていていますか」と私。しばらくたって、

「いないな」と神。私はここで考え込んでしまった。娘さんの方はヒーリングして、その母親をヒーリングしないというのはいかがなものかと。これまでも何度かETの親子のヒーリングはしてきた体験があった。

以前、天之御中零雷神が私のヒーリング現場に一日立ち会ってくれたことがあって、その時、

「どんな人であれ、ヒーリングを申し込んで来た人がいたら、ヒーリングしてやれよ」と神は言った。この言葉が今でも頭にこびりついている。それでA子の母親のヒーリングも引き受けることにした。そのヒーリングの日は4月17日（木曜日）午後と決まった。和歌山のS社に行く前日のことである。ヒーリング会場は大阪梅田にある高層ホテルの一室である。このホテルは故船井幸雄氏に講演を頼まれていた頃、招かれてよく知っていた。部屋が外人用にデザインされていて、広く、またベッドの高さがヒーリングに適しているのである。宿泊費も高いが。

A子の母親はA子の妹に車椅子を押されて部屋に入ってきた。ドアを楽々通っていた。ビジネスホテルではこうはいかない。私が高級ホテル指向なのではなく、病人のためにこんな高級ホテルを使っているのである。ヒーリング用の専門ベッドが存在しているが、折りたたみできるとは言え、これを持ち込み、また終了時に配達するのは大変であることをそれまでに体験していたので、このホテルを選んだ。車椅子と人が五人入って狭さを感じない部屋だ。A子を先にヒーリングして、その様子を母親に見学させ、その次に母親のヒーリングに移った。パーキンソン病に加えて両足の大腿骨の骨折並びに腰椎圧迫骨折、さらに認知症の疑いありと、申し込み書にある。守護神がいない人の末路はあわれである。ヒーリングを開始する寸前にこの母親の「神界のヒーラー担当」が誰かを神に尋ねた。すると、「ノストラダムス」との答。さすが我が片われであると感心した。守護神がいない人に対してヒーラーはこのように決まるのかとその時思った。一通り、ヒーリングを終えて、その母親に私は語りかけた。

「ところで……。あなたには守護神がついていないのですが……」と。

「アラ、それは困ったもんね」とあっけらかんとしている。

「誰かに、守護神になってもらいましょうか」と私。

「そうしてくださる～」と母親。

「今、私といっしょにヒーリングした神様がいて、その方の名前はノストラダムスと言います。私の相棒でしてネ。よろしければ、ノストラダムスにあなたの守護神になってくれるよう頼みましょうか」と私。

「ワー、とってもうれしい。ノストラダムスさんが私の守護神だなんて」と言って手をたたいて喜んでいた。その様子を見ていたA子とA子の妹がびっくりして目を丸く見開いている。

「母が、先生とまともにしゃべってる。びっくりしたワー」とA子。

「治りましたよ。ただし足の筋肉が衰えていますからしばらくリハビリが必要です。おかあさん、ベッドの上から下りて、立ってみてください」と私。体を起こす時にちょっと手を差し出した。

「あらー。立てるわ」

そのまま車椅子に座らせた。A子姉妹がびっくり仰天している。

「こういうことなら、私もヒーリングして下さる」とA子の妹さんが叫んだ。

「えーっと、ヒーリングの申し込み書がありませんので」と私は言って、机にあるこのホテルのメモ用紙を手渡した。

「そこにフルネームと生年月日を書いてください」

メモ書きを受け取り、さっそく、私のすぐ後にいる大国主命様にその人の守護神が誰かと尋ねると、

「ワシ」と答。

「ヒーリングしてもよいですか」と私。

「もちろん」と神。ヒーリングを開始すると姉さんと患部の状況がよく似ている。さすが姉妹だ。三人のヒーリングを終え、廊下に送り出すと、次の患者が待っていた。

この時は、こうして守護神のいない人に新しい守護神がついた。この後、ノストラダムスはこの母親のめんどうをよく見ていた。しかし、私がヒーリングする人がみんなこうなるとは限らない。物事には何事も原則があって、「捨てる神あれば拾う神あり」である。

二ノ七　遺伝子治療

本章の初めにしなつひこの神が、ＡＬＳの治療について遺伝子治療が必要であり、しかもその治療分野はすくなひこなの神が担当しているとの主旨を話した。そのことについて本節で少し話を展開させることにする。

２０１２年１月４日夜のことであった。正月三日間、神々をおもてなしして、正月御節料理も少なくなっていた。四日目なので少しずつ普段のお供えの形に戻しつつあった。夕方のお神酒で神々は少し酔が廻ってきている。

「困った事になっていてなぁ、予め分かっていたこととは言えな〜」といざな気の神が言い始めた。

「何の話だ〜」としなつひこの神。

「うん、ワシのところに居たベテランの魂を人と化した。今、生まれたばかりだ。両親の悪い遺伝子を受け継いでしまった。長生きはできないかもしれぬ」といざな気の神。神様同士の話であったが、興味あることなので私もその話の輪に加わることにした。

「いざな気の神様のベテランの魂の方はどれほどの輪廻転生をしておられたのですか」と私。

「うん、五千年以上人を体験しておる」といざな気の神。

「両親の悪い遺伝子というのは何のことですか」と私。

「うん、父親は色盲の遺伝子を持っていて、これは彼の母親から引き継いでいる。あかんぼうの母は膠原病の遺伝子を持っている。つまり、生まれたばかりの赤んぼうは色盲と膠原病との両方の遺伝子を受け継いでしまったと、こういうわけだ」といざな気の神。

「なるほど」と私。その時、そばで話を聞いていたすくなひこなの神が発言した。

「赤んぼうの内に遺伝子治療をすると、比較的治し易いよ」と言う。

「なるほど、細胞の数がまだ少ない内に遺伝子治療をするとうまくいくという話ですね。

大人の方は困難ですか」と私。

「うん、大人はすでに社会に適応しているだろ。その段階で治療すると、治ってから、かえって大混乱が生じる。だから大人の方はそっとしておいてあげた方がいいんだ」とすくなひこなの神。

「さすが、スペース・クリニックの艦長さんだ。言うことが違いますね～」と私。スペース・クリニックというのは宇宙艦隊に所属している宇宙船で病院船のことである。死人でも生き返らせることができる。そのスペース・クリニックの艦長がすくなひこなの神である。すくなひこなの神は人類創生の創造主の一メンバーでもある。

「スペース・クリニックの中にその赤んぼうを連れていかないと遺伝子治療はできないのですか」と私は話をつなげた。

「そこだな～」とすくなひこなの神が言ってしばし沈黙の時間が流れた。しばらくして、すくなひこなの神がぼそっと一言発した。

「ワシ～、やってみようかな～」と。

「うん、それなら、ワシ、立ち合うことにするよ」といざな気の神。

「すごい！　遺伝子治療をすくなひこなの神が御自身でなさるんですか」と私。

「それで、いつからなさるんですか」と話を続けた。

「明日からな」と神。

この十日後、すくなひこなの神が我が家に来て、「治ったよ」と一言。詳しく話を聞くと、1月5日から連続して波動調整をしたのだそうである。つまり一時と休まずである。

ここで1月4日夜に話を戻す。すくなひこなの神が赤んぼうの遺伝子治療をすることを決めた直後に、私は大国主命様に赤んぼうの父親の御魂がどなたであるかを尋ねた。すると大国主命様が、

「市杵島姫神《いちきしまひめのかみ》」と答えた。そこで私は市杵島姫神にその男のことを尋ねると、

「私、その人のこと知らない」と答えた。

「どうしてですか」と私。

「その父親はまだ若くて、神々の存在について知らないのよ」と姫神が言った。

「つまり、守護してないってことですね」と私。

「ハイ、そうです」と姫神。次に私は大国主命様に、赤んぼうの母親の御魂について尋ねた。

「野の神」といざな気の神が答えた。野の神はいざな気の神の孫神に当たる。

この遺伝子治療が行なわれた次の年の正月、つまり2013年の正月に、すくなひこなの神が私に言った。

「弟ができたからその子の遺伝子治療もやっておいたよ」と。二人目の遺伝子治療である。二人共男の子であるが、弟の方の御魂は天照皇大御神の御魂分けで、しかも輪廻転生

三千三百五十年のベテランの御魂だと、天照皇大御神が私に教えてくれた。市杵島姫神は天照皇大御神の分神なのである。赤んぼうの父親を市杵島姫神が守護していなくても、天照皇大御神が守護しているという形が見えてくる場面である。

二人の赤んぼうの父親を仮にI氏としておく。I氏には弟がいて、結婚しており、二人の男子をもうけている。その二人もすくなひこなの神が遺伝子治療をしたと2013年の正月に私に言った。つまりすくなひこなの神は同じ年に四人の赤子の男子を遺伝子治療によって治したという話である。

I氏の弟の御魂は宗像三姫の一神でたぎつ姫神。つまり、市杵島姫神の姉。I氏弟の妻はすくなひこなの神の御魂。I氏弟の長男は大国主命の御魂。二男はすくなひこなの神の御魂分けであると神々に教えていただいた。本人たちはこのことを知らず。知らずとも神々はその者を守護しているものなのである。

さてI氏とI氏弟の下に妹が一人いる。御魂はたぎり姫であるが、たぎつ姫神と市杵島姫の姉の神でこの三姫を宗像三姫の女神という。宗像三姫の本拠地は北九州の宗像大社だが広島の厳島神社の祭神でもある。また、大分県の宇佐神宮の祭神でもある。全国に三万社以上もある八幡社の総社（本社）が宇佐神宮であるため、宗像三姫は全国の八幡社の祭神でもある。つまり、三姫の御魂の方々はわざわざ九州の宗像市まで来なくても、身近にある八幡社に参拝すれば三姫には会えるという仕組になっている。ここでI氏妹の話に戻る。この娘の御魂は直系としては菅原道真《すがわらのみちざね》である。どういうことかと言えば、菅原道真の御魂（親神）はたぎり姫神なのである。

たぎり姫神は、神倭姫神、神功皇后、菅原道真を神として作り出している。神が神を生み成している社会、それが神界でもある。菅原道真は京都の北野天満宮と福岡県の太宰府天満宮の祭神であるが、I氏妹の守護神は菅原道真である。何となればI氏妹の御魂が菅原道真本人だからである。

I氏の魂……市杵島姫神
I氏弟の魂……たぎつ姫神
I氏妹の魂……たぎり姫神
（以上三者）宗像三姫神

I氏妻の魂……野の神（いざな気の神の孫）
I氏弟の妻の魂……すくなひこなの神

I氏……市杵島姫神
　長男……いざな気の神
　次男……天照皇大御神
I氏妻……野の神

I氏弟……たぎつ姫神
　　├長男……大国主命
　　└次男……すくなひこなの神
I氏弟の妻……すくなひこなの神

すくなひこなの神が遺伝子治療をする対象者はあくまで満一才未満の赤子だけである。右表に示した長男と次男とはその条件を満たしていた。一才以上の人間は遺伝子治療は行わない。これはすくなひこなの神がチームを作らず御一人で治療をするためである。組織的な医療チームがまだ作られていない。

遺伝子治療で今、最も注目されているのが山中伸弥京都大学教授（ノーベル医学・生理学賞受賞）のiPS細胞（＝万能細胞）の研究でこれは全世界的にその成果が期待されている。このiPS細胞による治療は再生医療を意味しており、失われた臓器を再度作り治すことを目ざしている。iPS細胞による再生医療は今のところ人間には処法されていない研究段階にある。そこで私はすくなひこなの神が赤子に行った遺伝子治療にヒントを得て、幹細胞活性化による再生医療を試みた。すくなひこなの神が行なっている遺伝子治療は「波動による遺伝子治療」である。

人間が肉体を持って生きている以上、その肉体には肉体そのものを作る幹細胞が必ず存在している。眠っているような、あるいは休止しているような状態の幹細胞を「波動」によって働く状態にすれば良い、というのが私の提案であった。それに対して、すくなひこなの神の反応は、

「幹細胞を活性化させるための独得の波動帯が確かにある」ということだった。その波動調整は人間のヒーラーの手の平から発せられるヒーリング・エネルギーをヒーラーの背後にいる守護神（私の場合は大国主命）がコントロールできるとのすくなひこなの神の言だった。このヒーリングシステムだと、スペース・クリニックが無くても何とかヒーリングで病を治すことが可能となる。つまり、スペース・クリニックの諸機能はヒーラーとその守護神によって作り出せるということなのである。

第三章　第三ステージ

三ノ一　天照皇大御神の提案

5月21日（水曜日）夕方、大阪から帰宅。夜に神々とヒーラーが集合。久しぶりに神棚にコップがずらーっと並ぶ。私は旅の疲れというより寝不足のため、この夜は早めに眠りについた。

翌22日は昼過ぎから買物。冷蔵庫が空っぽになっているので。夕方から和歌山に出張していたヒーラーたちが順に我が家に戻ってきた。担当した患者たちの様子を次々に私にレポートしてくる。

午後5時にしなつひこの神到着。さっそくヒーラーたちと会議室に入る。私は例によってお神酒と夕食の仕度に忙しくなる。

午後8時、天照皇大御神到着。和歌山の百々子の様子を見てからここへ来たと言う。お神酒がだいぶまわってきた様子と思える頃、天照皇大御神がしなつひこの神に言った。

「百々子の病気が治せるのだから、由美の交通事故後遺症も治せるのではないか」と。

「だめだよ。由美の脳は下がってしまっている」としなつひこの神。

「そこを何とかならぬか」と酔っぱらいが誰かにからんでいるような風である。

「できんな〜」としなつひこの神。

「くによし！」と天照皇大御神が質問の矛先を私に向けてきた。

「ハイ、何でしょう」と私。

「あのな〜、由美の脳を上にもちあげて、正常な位置にできんか〜」と天照皇大御神が言う。

「ハァ〜、どうやって、それ、やれるんですかネー」と言って私は考え込んでしまった。しばらくして私はある日のヒーリングシーンを思い出した。胃の直下にある大腸が下がっている人のヒーリングのことである。つまり、大腸が正常な位置にない人がいた。

3月4日、私は神戸でヒーリングをしていた。その日の最後の人は和歌山から車で来た。到着した時、外は真暗になっていた。ロビーでおち会って、すぐに客室に案内した。ベッドに横になっていただいてヒーリングを開始した。その時、

「くによし、この男、大腸が下がっているぞ」と神が私に言った。木の神だった。私は両手を大腸の位置に置き、ヒーリング・パワーを全開にした。数分経ってから、私の手が大腸をつかんだとイメージし、

「エイ」と気合もろとも、大腸を上につかみ上げた。上というのは、大腸の本来あるべき位置に引き上げたという意味である。実際には患者は寝ている状態だから、平行移動させたことを言っている。

「ぐにょ、ぐにょ」と音がして腸が動き初めた。

「すごい、ぐにょぐにょ音がしてる」と部屋の隅に座っていた奥様が立ち上がって、ヒーリングの近くへと寄ってきた。

「木の神様、正常な位置になりましたか」と私は神に尋ねた。

「うん、うまくいったぞ、もう少しの間横にしといてくれ。安定させるまで、動かすな」と木の神。患者はスヤスヤと眠っている。30分ほど経った頃、

「くによし、ゆっくり起こせ」と木の神の指示あり。私は患者の肩を軽く、トントンとゆすって、

「起きてください、ゆっくり、ゆっくり」と言った。

「くによし、みんなで食事をしよう」と木の神の指示あり。私はその指示に従った。


その時のことを思い出したので私はしなつひこの神に言った。

「まず第一段階は、由美の脳を正常な位置に動かしましょう。次は由美の脳下部に失われた脳細胞を作るに必要な幹細胞を活性化して集めましょう」と。天照皇大御神としなつひこの神、神倭姫、大国主命、居あわせたヒーラーたちが協議に入った。夜もかなり更けて、しなつひこの神が私を呼んだ。協議が終わったらしい。

「くによし、明日午後の昼間の時間帯に由美の脳を正常な位置に戻す仕事をやってみてく

れ。開始の時間はヒーラーたちが今やってる仕事を調整した後に決まるので、明日の午後になってから決める」としなつひこの神から指示があった。
「いよいよ第3ステージに入った」と私は心の中で思った。

第1ステージは2004年12月始めから2008年3月19日まで、ほぼ3年3ヶ月ほどの期間のことで、脳脊髄液減少症の患者を発見し、ヒーリング技術で治せるかどうかを研究していた時の話である。この時のことは『光のシャワー』(明窓出版刊)に詳述した。脳脊髄液減少症の患者は、バーバラ・アン・ブレナン博士のヒーリング技術によって治った。

第2ステージは2009年5月から2014年5月21日までの期間である。しなつひこの神が由美の脳が正常な位置になく、下がってしまっていて、脳下部の細胞が痛んでいることを発見したことに始まる。2009年6月下旬にしなつひこの神が神霊手術によって脳下部の痛んでいる細胞を切り取り、そのかわりに生命維持装置を取り付けた。これが宇宙唯一の装置であることがずっと後に明らかになった。この装置のお陰で由美は今日まで生きることができた。もし神霊手術が無ければ由美は2009年6月下旬に死んでいただろう。

第3ステージは２０１４年5月22日（木曜日）から始まった。

5月23日午前10時にしなつひこの神が我が家に入った。バーバラ・アン・ブレナン博士が同行していた。

昼過ぎにいざな気の神といざな実の神が我が家に入った。

「いざな気の神は由美の手術に立ち合われるのですね」と私。

「うん、大変興味がある。ぜひ見学させてくれ」と神。次に倭姫と天之児屋根命来宅。倭姫は由美の守護神なので立ち合わなくてはならない立場である。仮にヒーリング中に由美が幽体離脱した場合、その由美の魂を一時的にせよ、預かっていなくてはならないのである。それに倭姫はヒーリング中、私のバック・アップ役も兼ねている。

天之児屋根命は天照皇大御神の代理として来ている。天照皇大御神は和歌山の百々子に意識を注視している。他のヒーラーが百々子の容態をずっと見守っているので、何か、百々子に異状が生じた場合、その情報を天照皇大御神が受け取り何らかの処置をする体制ができ上がっている。

2時少し前に、若風志多生神、ノストラダムス、ドクター・パレ、武雄命が集合。

午後2時、しなつひこの神が、

「くによし、始めよ！」と声をかけた。

私は由美の頭部に手をあてた。すぐにパワーを最大に上げる。しばしその状態が続き、次第に私の手が由美の頭部に入っていくようにイメージした。両手の平と10本の指がしっかり由美の脳を持っているとイメージする。非常にゆっくりと脳が上に向かって動いているとイメージした。

午後3時30分、私の体が熱さに耐えられそうになかった。その時、「ワーッ」と一斉にヒーラーたちの歓声が上がった。

「うまいぞ〜」と言う。そこで私は小休止して体を冷ますために立ち上がった。

「何ミリ位持ち上げられましたか」と私はしなつひこの神に尋ねた。

「3ミリほど」と神。

「もう一度、今の手法をした方が良いですか」と私。今日中に作業が終了できるかを知りたかったのである。

「由美の脳は正常な位置に戻った。生命維持装置はワシが持って、くによしの動きにあわせて、平行移動させた。従って初めて装置を作ってから3ミリ上に位置している。他の神経系統はノストラダムスたちヒーラーがそれぞれの部位を担当して同じように動かした。全員参加の大手術だったがうまくいった。バーバラがくによしの手になった」としなつひこの神。私はコップに水を満たして一杯飲んだ。冷蔵庫の扉を開いて、冷やしてあった果物のミックスジュースをコップ一杯に満たし、神棚に供えた。

「どうぞ」と言って合掌。由美にしばらく起きないよう指示した。

神霊手術の間中、由美の魂はしっかりと由美の体の中に居て、ヒーリングに協力してくれていた。由美は常に意識があって、私が何をしているか理解していた。

「たったの3ミリ上がっただけだったの。私の感覚では数センチも動いたような感じだったわ」と由美は横になったまま言った。

「しゃべるな」と私。

「今、神様たちが仕上の仕事中だぞ」と私は由美に言った。

「脳下部に脳細胞を作り出す幹細胞を集めるのはこれからですか」と私はしなつひこの神に尋ねた。

「脳が上昇するのと同時に、幹細胞を下に集めた。今、すでに細胞は働き始めている。全治1~2年かかるかな」と神。

「ということは由美は元の体をとり戻せるということなんですね」と私。

「うん、時間がかかるよな。由美の脳は今赤ちゃんのようなもんだ。明日は一才児位かな。とにかく見ていくことにするよ」と神は明言した。

「ありがとうございます」と私。

「トイレに行きたいんだけど~」と由美。

「ゆっくり、ゆっくり起き上がるように」と私は由美に言った。

「ふらふらしてる。歩けるかな～」と由美は言って、一歩、一歩足を前に進めた。両手は常に何かにつかまっている。私は椅子から立ち上がって由美に肩をかした。用を済ませると由美は再び横になった。立つこと自体がつらそうである。

5時が近づいてきたので、私はいつものように台所に立った。お神酒と夕食の準備である。ブレナン博士に、

「今日のお神酒は何がいい？」と聞いた。

「今はいらないワ。由美のヒーリングを続けなくてはならないから」と言う。他のメンバーはいつもと同じである。一杯やってからの方が仕事がうまくいく面々ではある。しかし、ノストラダムスも今日はアルコールはいらないと言った。

「ノンアルコール・ビールでどう」と私はノストラダムスに言った。

「本物のビールを飲んだ時と同じようになっちゃうから止めておくよ」と彼は言った。ノストラダムスは和歌山でのヒーリング以来ずっとアルコール類を絶っている様子である。

神棚に夕食のお供えを終わって、私も食事をした。だが由美は食欲がまったくなかった。

そこで私は百パーセントのトマトジュースをコップ一杯にして由美に渡した。由美の夕食はそれだけだった。

夜にブレナン博士が私に話しかけてきた。

「すばらしいヒーリングだったワー」と。

「私の手になってくれたんですね。ありがとうございます」と私。

「こんなに私の教科書を理解し、実践している人を私は未だかつて見たことがありません。世界中でたくさんのヒーラーたちを見てきましたが、あなたのようなすばらしいヒーラーはいないワー」と言う。

「ＢＢＳＨの卒業証書くれる？」と私。

「もちろんよ。それ以上よ」と博士。

「うれしいです。博士に認めていただいて」と私。

「明日、未明までここに居るワ。由美の頭の中がどのように変化していくか観察するためよ」とブレナン博士。

「朝はいったん、伊勢に帰って神様の御つとめでしょ。今、伊勢は参拝客がものすごい数になってるんでしょ」と私。

「そうなの。朝から夕方まで参拝客が絶えないわ」と博士が言う。

「その伊勢のことなんだけど、私と由美とは伊勢に29日に入り、30日に内宮、風の宮、それから倭姫神社に参拝することになってます。北海道のOさんと菊池哲也ともそこで合流する予定です」

「ワーッ。そんなスケジュールになってるのね。楽しみにしてるワー。伊勢で会えるなんてすてきー」

「29日はここから移動するだけで一日かかりますね。それで参拝は30日の午前中ということになるんです」

三ノ二　集中治療室にて

由美の脳を正常な位置に持ち上げた日、5月23日（金曜日）は伊勢参拝に出発する日のちょうど7日前だった。その旅行は前年からの企画で宿泊先もＪＲの切符もすでに手配済だった。

5月24日朝、目覚めるとワカカガシの神が居てくれた。体中が壮快である。こんな時はきっとワカカガシの神がヒーリングをしてくれたに違いない。私は早々に起き上り、昨晩の神棚のお供えを片づけた。その間、由美はずっと眠っている。大手術の後なので起こさずに寝かせておいた。神棚に新しい水を入れたコップをずらーっと並べ終えた。

午前8時20分、まずブレナン博士が我が家に入った。

「ワーッ。今日は早いんですねー」と私。

「神様が『先に行ってろ！』って言ったから」とブレナン博士。すぐに寝ている由美の脳を点検する。

午前9時20分、しなつひこの神が神倭姫命を伴って我が家に入る。

「今日は神様たち、早めに来てくれるんですね～。ありがとうございます」と神棚に向かって合掌。しなつひこの神が由美の脳の状況を見ている。

午前11時、大国御魂神が北海道神宮から来宅。由美の脳手術の話を聞いたようで、さっそく様子を見に来てくれたようだ。

昼少し前、由美がやっと目覚めた。

「今、何時？」と私に聞く。

「12時少し前」と私。

「ええ～っ。もうそんな時間なの？」とびっくりしている。

「脳の大手術をして、今は集中治療室にいるようなもんだよ～」と私。

「ああ、そうだったー」と由美。

「今日は朝からワカカガシの神が居てくれてて~、さっきブレナン博士としなつひこの神と母が来てくれているよ。それと北海道から大国御魂神がお見え」

「わぁ~、うれしい。大国御魂神様がお見えなんだ~。御無沙汰！」と由美。しかし起き上れない。体に力が入らないようだ。

私は雨戸を開けて外の光を部屋に入れた。由美は昼過ぎてやっと体を起こしたがすぐには歩けない様子である。昨日と同じように私は両肩を由美に貸した。

由美のこの日最初の食事は果物だけで、午後は夕方まで横になっていた。


午後1時過ぎ、いざな気の神、いざな実の神、大国主命来宅。由美の容態を見る。


夕方にしなつひこの神が私を呼んだ。

「由美の脳は術後24時間経って正常な位置にあり、脳下部の細胞増殖も順調」と言う。

「由美の夕食のメニュー、本日はどのようにしたら良いでしょうか」と私。即答はない。何か考えている様子だったが、しばらくして、

「今日は冷やヤッコでどうだろうか」と神。由美が固形食を食べられそうにないと見ている。

「流動食ならば温かいスープが良いと思えますが、どれにしましょうか」と私。

「うん、タマネギスープにしてみろ」と神。これは一般市販されているオニオンスープの素のことで、粉末をお湯で解かす。メーカーはお茶漬の素で超有名な会社だ。

5時になって、お神酒と夕食のお供えをする。ちょっと一杯入ったところで大国御魂神が話を始めた。

「昨年の初頭にワシは由美の未来を見た。その時のワシの言ったことは二人共憶えているだろう。由美は50代前半で大変元気に過ごしていて普通の女性として日々を過ごしているという話だ。その理由はまったく分からなかった。二人共、そのことで原因のあれこれを話していた。今日やっとその理由が分かった。くによしのヒーリングの結果だったんだね～」と神。

「神々、ヒーラーたちのお陰ですよ」と私。

「うん、もちろんそれもあるが、くによしのアイディアが良かった」と神。

午後10時頃、百々子の容態を見ていた軍師山本先生から神々に連絡が入った。

「百々子の様子がおかしい」と。ワカカザシの神がただちに出動した。しばらくしてワカカザシの神から連絡有り。

「百々子の筋肉細胞を作るについて、エネルギー不足」と。

「筋萎縮症が再発してるんですか」と私。長距離電話をしているようで話の内容がとぎれとぎれになっている。

「そうじゃないんだ。栄養素が不足してる」と神。

「食事をまだ口からとれないんだから、流動食を増やす必要があるってこと？」と私。ここで連絡が途絶えた。


5月25日（日曜日）朝目覚めると神様もヒーラーも誰も居なかった。昼を少し廻って母から連絡が入った。

「みんな百々子の家に居る」と。

「重大な事態が生まれているんですか」と私。背中に緊張が走る。

「神様のエネルギーを百々子に入れているところ。みんなで15分交代ぐらいでしている」と母。この母の話は少々説明が必要である。まず、この日は百々子に初めてヒーリングをしてからちょうど7日目にあたる。5月19日朝に私が入れておいたヒーリング・パワー、エネルギーは細胞を作るエネルギーに使われて無くなっている。仮に私が和歌山に居れば、神様に呼ばれ、

「くによし、百々子にエネルギーを入れて来い」という指示があるはずである。ところが、

25日は私は九州に居て、集中治療室に入っている由美の介護中につき席をはずせない事態である。そこで、母たちは考えて、ヒーリング・チーム11名で神のエネルギーを百々子に与えることを決めたと私は想像できる。11名全員で15分ずつエネルギーを与え続けると約3時間のヒーリング・パワー注入ということになる。一神でこの15分のエネルギー注入は限界である。それ以上、このヒーリングをすると、今度は神の命があぶない。それで母は「15分交代」でと言っているのである。要するに、百々子の筋肉細胞を作るについて、その生命エネルギーを食事からとるのではなく、神のエネルギーをもって成しとげようという作戦をとった、とこういうことなのである。

午後3時少し前、天之児屋根命が我が家に来た。御用件を尋ねると、「9月に北海道でヒーリング・セミナーを開催してくれ」という注文だった。

深夜にしなつひこの神から連絡有り。
「29日の伊勢行は中止にしろ」と。
「エ〜」と言ったまま私はしばし絶句。昨年に計画して以来、北海道のOさんと菊池哲也さん、それにOさんの友人と五人による参拝がすでに決まっていたのである。ドタキャンしろと神様がいっている。

「それは～困ったことになりますネー」と私。しなつひこの神の指示はよく分かる。由美の脳が再び下がってしまうことを考えておられるのである。深夜だったので、明日に考えることにして、この日は眠りについた。

5月26日（月曜日）依然として、ヒーラー全員と神々が百々子の家に集まっている。全員で24神と連絡してきた。

夜8時に天之児屋根命来宅。北海道のヒーリングセミナーは9月20日の土曜日をはさんでその前後、4泊5日で頼むと言ってきた。

5月27日（火曜日）依然として百々子のヒーリングが続いている。これで連続3日目に入っている。

午後3時15分、大国主命様が来宅。

午後3時20分、いざな気神来宅。講演会の依頼だった。いざな気の神様の話によると、和歌山県有田市に私の読者がいて、その方がノストラダムスの預言書について最新情報を講演してほしいと要望しているとのこと。これに対して私の反応。

「ノストラダムスの預言書の件は昨年の7月27日に大阪で関西サイ科学会研修会で講演をし、8月の学会レポートにすでに掲載済です。従ってもう一度同じような講演会は無用に思えます。それと関西サイ科学会にその時の録音テープがあって販売中です」と言った。その後、有田市の読者からは連絡が無かった。

午後6時15分、市杵島姫神来宅。ヒーリングの依頼。

同時刻頃、北海道の菊池哲也から連絡有り。伊勢に行けなくなったと。ドタキャンだった。宿泊先にキャンセルの連絡を入れないとならないのだが、和室に複数の人が泊まる形にしてあったので、そのまま人数が減るだけのことだから、キャンセルせず知らん顔しておこうと思った。

午後6時30分、たぎつ姫神来宅。ヒーリングの依頼。そのたぎつ姫様の話によると、自分の御魂の女性をヒーリングしてほしいと言う。しかも至急という話だった。その女性は京都府在住という。

「至急と言われても、29日から31日まで伊勢に行くことになってますし、京都に立ち寄る計画はしてません。それでその方は私の読者ですか」と私は姫様に言った。

「あなたの読者ではありませんし、あなたはこの人のことを知りません」と姫神。

「どうしたらよいですか」と私。

「兵庫県西宮市のTに電話してください」と姫神。その方は2013年12月8日午後1時から大阪のホテルでヒーリングをした女性である。正確にはT姉妹というべきである。この時、お姉さんは83才、妹さんは82才だった。二人共私の古くからの読者だった。Tさんお姉様の御魂は市杵島姫神で、どうりで先程から市杵島姫神が我が家に控えているわけだ。

私はTさんに電話した。夜7時を過ぎていた。私はTさんにたぎつ姫様から聞いた京都の患者さんのアウトラインを言った。するとTさんは「そんな人知りません」と言った。万事休した。

「患者さんの名前も連絡先も分かりません」と私はたぎつ姫神に言った。ところが夜の11時頃Tさんから電話が入った。

「友人たちに電話をしていたら、友人のそのまた友人がそれらしい人を知っているという情報が入ってきました。N子という女性で確かに京都市内に住んでいます」と言って私にそのN子の電話番号を教えてくれた。そこで私はN子に電話すると、彼女はすぐに電話に出てくれて、

「話は友人から聞きました。よろしくヒーリングをお願いします」と言う。

「その子です。30日の午後に伊勢に行かせますからヒーリングをお願い」とたぎつ姫神。

「北海道の菊池哲也から伊勢旅行のキャンセルが入っているので、その部屋に泊めることにしましょう」と私は姫神に言った。

「伊勢でヒーリングすることになっちゃったの?」と由美。

「至急ということらしい。まったく知らない人で、どこで待ち合わせしようかな」と私。

「西宮のTさんの友だちなんでしょ」と由美。

「それがそうじゃないらしい。Tさんの友だちのそのまた友だちらしい」と私。続けて、

「その患者さんも私のことは何も知らないらしい」と言った。

「お互いに初対面同士?」と由美。

「うん」

三ノ三　伊勢参拝

5月28日(水曜日)伊勢に出発する前日、私と由美とはまだ旅行の仕度が何もできていなかった。集中治療室に入ったまま、由美をどのように伊勢に運ぶかが大問題である。由美を家に置いて三日間家を留守にすることはできない。私は旅行の全行程について頭の中でシミュレーションした。階段を使わないでいく方法を考えていた。

午後3時30分、北海道からＦＡＸが入った。ヒーリングの申し込み書で、伊勢にて頼むという話である。Ｏさんの友人という人であった。この日初めて、伊勢で出会うことになるＯさんの友人という方の名前と住所、連絡先、ついでに病状を知った。

私は天之児屋根命に連絡した。北海道のヒーリング・セミナーの主催者というのはＯさんの友人のことであるかどうかを。すると天之児屋根命から即答があり、

「その通りだ。この子にセミナーの企画を立てさせる」と言う。

「何のことかようやく分かりました」と私。続いて、もう一枚のＦＡＸが北海道から入った。ＯさんのＦＡＸだった。しかも、またもやヒーリングの依頼書である。これでヒーリングの申し込みが三人目となった。

「参拝に行くのか、ヒーリングに行くのか分からなくなっちゃったわネー」と由美。その由美は夕方にやっと起き上がって旅の仕度をし初めた。荷物は最小限に止めた。

5月29日（木曜日）朝早くに起床、すぐに旅の仕度をし、二人で家を出た。玄関から車まで由美に歩いてもらった。ガレージの門扉を開け、いったん車を道に置いて、私は再びガレージの門扉を閉じた。最も近い高速の入口まで最短距離を走り、ＪＲ小倉駅の新幹線

側にある青空駐車場に入った。家を出てから19分でそこに到着。荷物と由美とを車から下して、エレベーターの下まで行った。由美は何とか歩くことができた。エレベーターで荷物と由美とを新幹線に乗り込むホーム近くの待合場所に運んだ。私はすぐ駐車場に戻り、車を移動させた。駅前の駐車場は24時間まで駐車可能であるが、それ以上車を置いておくとレッカー車が来て、違反車を移動させる。1キロほど先に72時間、つまり三日間だけ駐車可能という駐車場があり、そこへ車を持っていった。所定の場所に車を置いて、私は走った。400メートルのトラック2周と100メートルほどの距離を私は走った。67才と数ヶ月の男の走りを見て、ワカカザシの神が言った。

「速いじゃない」と。

私は待たせてある由美のところに行き、荷物を持って新幹線の改札口を通った。そこからホームへはエレベーターを使う。無事、由美と私とは時間通りに新幹線のホームに立った。この数日、由美は食事らしい食事をしていなかったのと、駅という外界を少しとはいえ歩いたので空腹感が出ていると思われた。そこで私は駅弁とお茶を二つずつ買った。

新幹線の中で由美は一週間ぶりの食事をした。

「おいしい、おいしい」と言いながら。列車はやがて名古屋駅についた。通常、九州方面から伊勢に行く場合は、大阪で近鉄に乗りかえるコースをとる。ところがこの方法だと乗りかえが非常に多い。由美には気の毒なコースになる。名古屋駅でJR伊勢行きのりかえの方法だと、名古屋駅での乗りかえは最短距離となる。新幹線ホームと伊勢に行く列車は階が違うとは言え、隣りのホームなのである。しかも階段を使わないで済んだ。上下方向の移動は全てエレベーターを使うことができた。由美は水平方向に少しホームの上を歩くだけだ。ＪＲの切符は5月23日の由美の神霊手術よりだいぶ前に私の手元に届いていた。ＪＲ伊勢駅に着くと、エレベーターでホーム上の陸橋通路に上り、また、別のエレベーターを下りて改札口に出た。そこから先はタクシーで神宮会館に向かった。タクシーに乗る時、私は運転手に言った。

「頭を怪我しているので、できるだけゆっくり運転してください」と。神宮会館には午後4時頃についた。北海道のOさんとその友人とがロビーで私を出迎えてくれた。すでにチェック・インの手続きは終わっていた。

夕食までにだいぶ時間があったので、二人をヒーリングすることにした。私と由美の部屋は洋室にしてあった。ヒーリングができるようにと予め申し込んであった。しかしその時は、誰をヒーリングするかを決めてはいなかったのである。やがて夕食の時間が来たので四人は神宮会館の上階にある大レストランに上った。

四人が座るテーブルは予め決まっていた。そのテーブルにつくと、箸紙が四つ置いてある。見ると何か字が書かれてある。「食事作法」と印刷されている。

食前　静座一拝一拍手
たなつもの百の木草も天照す　日の大神の恵みえてこそ　（いただきます）
（詠人　本居宣長）

箸紙の隣りにもう一枚、印刷されてある紙が置いてあった。

先附　南瓜豆腐　鮫たれ
造り　寒八　鯛
鍋物　雲丹鍋
蓋物　鰈柏蒸し
焼物　大あさり陶板焼き
温物　茶碗蒸し
白御飯
香の物
吸い物
デザート

さらに「鮫たれ」の解説文が印刷されている用紙が一枚置いてあった。鮫の干物だそうである。神様へのお供え品の一つでもあると書かれてあった。由美は23日以来の本格的な食事になった。7日間、まったく食事ができていなかった。集中治療室に入っていたので……。ただし、この事はOさんとその御友人には一言も言わなかった。夕食が進むにつれ明日の参拝の打ち合わせが自然に始まった。

「先ほど、ヒーリングをしたので、その養生が必要です。朝9時過ぎてここを出発しましょう」と私。その時、しなつひこの神が私を呼んだ。私が座っている椅子から見て、向かいのテーブルが空いている。そこに神々が集まって、私たちといっしょに食事をしている。

「くによし、Oとその友人に、今日は風呂に入ってはいけないと言っといてくれ」としなつひこの神から指示あり。

「ああ、そうだ、先ほども言ったんですが、Oさんとあなたは今日は風呂に入らないように。神様が明日の5時までお二人のヒーリングを続けますので。よろしいですね」と私はOさんとその御友人に言った。

「ヒーリングの神様ってどなたですか」とOの御友人が言う。

「しなつひこの神、タオさん、それにバーバラ・アン・ブレナン博士とノストラダムス。立ち会う神はほすせりの命様と天之児屋根命様です」と私は言った。二人の顔を見ずに二人の後にあるテーブルに意識を集中している。私は、

「他に二人に言っておく注意事項は？」と神々に心の中で聞いている。

「早く寝ろ」と神。私はうなずいて、二人に言った。

「早めに寝るようにとの神様の指示です。眠れない場合でも、早めに床についてください」と。母が私に、

「どう、ここの料理は」と質問である。

「おいしいですね～、ここの料理は、すばらしいです」と私はつい言葉にして声を出してしまった。すると二人が、

「そうですね～、ほんとにおいしい。話には聞いてました。神宮会館の和食がすばらしいってネ」と同調した。私は母と話しているのだが。

「明日の参拝の順序は？」と神々が私に質問してきた。

「ハイ。由美の具合が大変悪いので、由美と荷物はここに置いたままにし、私とＯさんそれに御友人の方、三人で出発することにします。まず最初は風日祈《かざひのみ》宮、次に内宮、いったん内宮を出て、倭姫神社に行きます。今回は事情あって、猿田彦神社はす通りしてしまいます（どうもすいませんと猿田彦に心の中で言った）。それと、今回は下宮に行けません。倭姫神社の参拝が終わってからいったんここに戻り、由美と荷物を持ってＪＲ伊勢駅に行き、そこから電車で鳥羽駅に行きます」と私は前のテーブルに集まっている神々に声を出して言った。するとＯさんと御友人が、

「そういうことなら、今回はそのようにしましょう」と答えた。お二人は私が神々と打ち合わせをしているとは知らない。由美は話の途中から気がついていたようで、

「さっき猿田彦神社の前を通った時、タクシーの中から手を合わせました」と声を猿田彦大神にかけた。

「明日、夕方は鳥羽のホテルで一人御婦人のヒーリングをしなくてはなりません」と私は前のテーブルに声をかけた。Oさんと御友人の真後ろに神々が集まっているので、私がOさんに話しているようにOさんには聞こえている。天之児屋根命が、

「北海道セミナーのことをOとその友人に言え」と指示している。

「今回は、それどころではありませんネ。今、その話をすると、北海道の二人はびっくりしますよ」と私は心の中で児屋根命に言った。ごはんが運ばれてきた。Oさんの友人が、

「白いごはん、なんておいしいのだろう。久しぶりだわ〜。私いつも玄米なんです」と言った。

「神様にお供えするごはんは白米でないといけないんです。まぜごはんを作る場合も白米からたき込んでいきます」と私。

「あ〜、そういうことなんですか」と彼女が言った。

箸紙を手に持って、食事作法のことになる。食後の作法。一拝一拍手して。

朝宵に物くふごとに豊受の　神の恵みを思へせの人　（詠人　本居宣長）

「ごちそうさまでした」と四人で合唱して、席を立ち上った。するとレストランで忙しく働いていたウェイター、ウェイトレスが直立不動して、「ありがとうございます」と言った。

三ノ四　神宮徴古館《ちょうこかん》

5月30日（金曜日）朝、長旅の疲れのためか、起床が遅くなってしまった。隣りの部屋に声をかけて、四人そろってレストランに入った。前日の夕食の時と同じテーブルに四人分の朝食が並べられていたが、レストランにとってはこの朝の最後の客だった。

由美を神宮会館に残して、三人で内宮に出発。宇治橋の前広場は観光バスで満車の状態。内宮前で客を下そうとするタクシーが長い行列を作っている。土、日、休日はもっとすごいことになっているはずと想像する。参拝客が多くて、三人共歩きにくい。すぐ人とぶつかりそうになる。日曜日の銀座歩行者天国より内宮の方が混雑している。

宇治橋の前にある鳥居の前で団体客が記念写真を撮っている。それが終わってから三人は宇治橋を渡った。団体客が旗を持った案内係の後ろをぞろぞろ歩いているので追い抜くことができない。三人の後ろにも団体客が歩いてくるので、そのペースでしか歩けない。

予定通り、三人は風日祈宮へ向かった。前後の団体客はまっすぐ内宮に歩いていく。そこで団体客の列とお別れとなった。三人は五十鈴川にかかっている風日祈宮へ入る木の橋を渡った。

「この前来た時は工事中だったでしょ。この橋は新築の橋だよ」と私はOさんに言った。

「そうだったですね〜」とOさん。やがて三人は風日祈宮へ到着。しなつひこの神、しなと女の神、あやかしこねの神、ワカカザシタオの神、みかしうつの神（臼井先生）、バーバラ・アン・ブレナン博士の六神がずらっと横一線に並んで三人を迎えてくれた。

三人は横一線に並んで同時に二拝二拍手一拝し、神々に、

「ヒーリングしていただき、ありがとうございます」とお礼の言葉を述べた。これは事前に打ち合わせしておいたことだった。三人のお礼参りが終わるのを他の参拝客が後ろに下がって見ている。やがて風日祈宮を後にして三人は内宮に向かって歩いた。また、別の観光団体の列にはさまれてしまった。参拝客の列というより観光客と見てとれる。観光団体の列といっしょに正宮石段前に到着。石段を一歩一歩上って、中ほどまで来たところで、前方に歩く人々が、いっせいに、

「おお〜っ」と言った。見上げると白絹の御幌《みとばり》が風で持ち上げられるように開いている。そこから新装になった正宮の建物の上、黄金色の鰹木《かつおぎ》がピカピカ輝いていた。

三人がいったん、神宮会館に戻ると、由美がロビーで待っていた。「いっしょに倭姫神社に行きたい」と言う。昨日の夕食と今朝の朝食との効き目がでてきていて、元気に見えた。そこでここからは四人で行動することになった。私はカウンターに行って、タクシーを呼んでもらった。一台のタクシーに四人が乗り込んだ。荷物は神宮会館に全てを預けた。こうすると身軽に動き廻れる。車はやがて倭姫神社に到着したが、表参道側を通過し、倭姫神社の後ろにある駐車場に向かった。そのようにしてくれと運転手に指示をしていなかったのだが。車を下りると、倭姫神社へ入る最短距離の入口、勝手口のような場所から境内に入った。

石段を下り、社務所の前を通ってすぐ右折、少し歩いて、もう一度右折すると社の前に出る。石段を上がって社の正面に出る。四人は横一線になって同時に参拝した。神倭姫命は社の外に出ていて、屋根位の高さに浮んでいる。正装である。一番上の着物は真白な絹で光に当たってピカピカに輝いている。襟は七重になっていて、虹の七色が使われている。十二単のような着物である。裾は長くて、八頭身のように見える。スラーッと背が長いように見せている。この正装は自分でデザインし、自分で裁縫した着物で世界中唯一のものであると、かつて昔、私は母から教えてもらっていた。その倭姫が我が家に来る時は、この正装は社に置いてくる。洋服に着換えてくるのだが、それは通常の主婦が普段着ているような洋服である。これは何着かを我が家の専用室に用意してある。

四人は倭姫神社を後にしてまた、元の道を辿り、車を降りた道に出た。目の前に神宮徴古館があった。私は由美の体調を見、時計を見た。鳥羽へ移動するには時間が早すぎる。そこで徴古館に入ることにした。過去に何度も伊勢に来ているのにこの建物の中に入ったことがなかった。

正宮他、社の中に入っている神々の調度品宝物が展示されていて、びっくり。初めて見る物ばかりである。建物の中心部広間には正宮全体を見わたせる模型があった。今しがた参拝をした正宮は大変奥が深くて、外側の塀からは全体がまったく見えていないのである。白絹の幌から少し見えた建物は正宮全体からすると玄関に相当する建物なのである。我々はその玄関にさえ入れず、一番外側の塀の外側から手を合わせていたのである。


二階に上る階段の下で、由美の体力は限界に来た。そこで由美には一人で徴古館の入口の中にあるベンチまで戻ってもらい、あとの三人で2階の展示場へ上ることにした。私は早足で見てまわり、北海道のお二人にはゆっくり見学してもらうことにした。待ち合わせ場所で由美は待っていたが、

「ちょっと来てよ」と私のそでを引っ張った。新館があって、そこはまだ見ていない展示コーナーだった。徴古館の事務室のちょうど後あたりまでつれていかれるとその一番奥に

倭姫の正装が展示してあった。かなり古い物である。

「いつも言ってた通りのデザインだろ」と私。

「本当の話だったたんだ〜、あなたの言ってた事は」と由美が言った。

「通常、女性の神様は白の着物で緋のはかまなんだよな。つまり人間の巫子さんの着てるものと同じなんだ。ところがだなー、母だけ違うんだよ。これが母の正装でな。これ着て倭姫神社のお勤めしてんだよなー」と私。

「しなつひこの神たち、男の神はな、みんないっしょでな。ここの神主さんたちと同じ和装なんだよ」と私は話を付けたした。

二階を見終わったお二人と合流し、建物を出て、バス停へと向かった。母がバス停まで見送ってくれて、

「まだ仕事が続いているから、ここでね。また後で鳥羽へ行くわ」と言っていったん母と別れた。バスは30分遅れて来た。しかも満員だった。ところがバスは通過せず停車した。ステップに乗せてくれた。私と由美の胸の前で扉がかろうじて閉まった。その扉は終点まで開くことはなかった。終点は内宮前だった。バスの中でOの友人が、おなかが減った、おなかが減ったと囁やいた。

「何がいい」と私は彼女に聞いた。

「おそばを食べたい」と彼女。満員のバスからやっとの思いで掃き出されて数歩行ったと

ころにソバ屋があった。バス停のすぐソバにソバ屋があって助かった。おかげ横丁まで歩かないで済んだ。満員のバスのおかげだ。

ソバ屋に入ってざるそばを注文した。すると誰か神様がソバ屋に入ってきた。みかしうつの神（臼井先生）だった。

「ワシ、ソバが大好物でなぁ～」と言う。テーブルに神様の食事するところを設定した。やがて四人分のソバがテーブルに並んだ。みんなに箸を付けることをちょっとだけ待ってもらった。神様が必要な分を立体コピーする時間を作ったのである。

「店に入るところ、よく見ましたネー」と私。

「ワシ、この店の常連でなー」と神。

昼食が終わり、四人はすぐそばに見えている神宮会館へと歩き、みかしの神は風の宮へと戻った。

「神様も昼休みするんだ」と私は思った。私たちは神宮会館に預けていた荷物を受け取り、ロビーの喫茶コーナーで冷たい飲み物を注文して小休止した。

ＪＲ伊勢駅へ向かうタクシーの中で運転手が私に言った。

「去年は一千四百万人の参拝客がここへ来まして、市内のホテルはいつも満室状態でした。それで、名古屋、京都、大阪のホテルに泊まって、朝早くに電車に乗って参拝に来る人たちが多かったです」と。後の席に座った三人が、

「ワーッ、大変だったんだー」と言った。

「それ、今でも続いているんでしょ」と由美が言った。

ＪＲ伊勢駅で四人分の切符を買うと、駅員が、

「次の列車は快速でして、鳥羽駅へノンストップですがよろしいですか」と私に聞いた。

「タイミングがいいね～」と私。京都から来る患者さんとの待合時間まで充分な時間ができていた。由美は昼食を摂ったため、元気に動き廻ることができていた。七日前に脳の大手術をした人にはとうてい見えない。もちろん北海道から来た二人は由美の手術のことは何も知らない。普通の人との付き合いをしている。

四人は列車に乗り込んだ。今しがた、タクシーやバスから見えていた風景を今度は逆方向に向かって見ている。

この日、由美はタクシーに二度、バスに一度乗って、倭姫神社の石階段の上下を四度行なっている。鳥羽駅に着くと、そこにはエレベーターが無かった。由美の脳が少々下がってきているかもしれないと思った。

三ノ五　鳥羽

鳥羽駅前広場でホテルの送迎バスを待っていた。日差しがまぶしいがベンチの上には屋根があり、海からの風が心地良い。四人なのでタクシーでホテルに向かえば、すぐに到着できる。京都の患者との待ち合わせ時間まで充分な時間があったので、海風にふかれながら送迎バスが来るのを待つことにした。

待つこと30分ほど、やっとホテルの送迎バスがやってきた。四人はそこに乗り込んだ。運転手が何か書類を取り出して、乗り込んだ人の名前を質問してきた。

「代表の池田です」と私は運転手に言った。書類にチェックを入れている様子である。この送迎バスは予約客用になっていることを初めて知った。誰でも乗るということはできないのである。四人が乗ってもバスはなかなか出発しようとしない。

五人目と六人目がバスに乗り込んできた。運転手がその二人の名前を尋ね、チェックリストに印をつけている。

七人目と八人目がバスに乗り込んできた。例によって運転手が二人に名前を尋ねた。女性が名を名乗った。その名は京都の患者の名前だった。とっさに私は立ち上がって、

「池田です。こちらの席にどうぞ」と声をかけた。運転手が私の方を見て、

「お連れさんですネ」と言った。神様の働きはすごいと思った。患者と私とを同じ送迎バ

スの中で出会わせたのである。バスはようやく出発した。

ホテルは海辺に建っていた。浜辺浦《はまべうら》の全景を見わたせる。私はチェックインカウンターに行って、名を名乗り、宿泊客が一人増えたことを係員に言った。予約は二部屋和室にしてあった。私と由美が一室と、もう一室は北海道の二人と京都から来た二人、合計四人で使うことになった。菊池哲也がドタキャンしたことに何の支障も発生しなかった。

京都の患者を私の部屋に呼び、ヒーリングを開始した。その患者の連れが、しきりにメモをとっている。

「あのネ〜、バーバラ・アン・ブレナン博士の本に全部書いてあることを実行しているだけなんだから、その本を読んだ方が早いよ」と私はそのお連れさんに言って、本の題名を教えた。患者は両手の靭帯《じんたい》を痛めていて仕事に支障をきたしていた。その他に目や足腰が痛んでいた。看護士として長年の仕事の結果、御自身の体が壊れてしまっていたのである。これはよくある話で、以前にも看護士のヒーリングを度々頼まれている。北海道から来ているOさんもかつて介護の仕事に就いていて、その御友人の方も看護士だったのである。

ヒーリングを終わって、

「治ったよ」と患者に声をかけた。すると患者は畳に正座し、両手をついて、

「ありがとうございます」と言った。私は、

「ちょっと待った。それは神様に言ってくださいよ。ヒーリングは神様がやってる仕事なんだよ。明日、伊勢神宮の別宮、風の宮に行ってそのお礼の言葉を言ってください。風の宮にしなつひこの神がいます。そのしなつひこの神が、今ここに来て、あなたのヒーリングをしてくれたんです。それともう一人、ノストラダムスがあなたを担当しています」と私は言った。

「分かりました。明日必ず、お参りさせていただきます」と彼女は言った。

「風の宮は、外宮と内宮と両方あるからね、その両方に行くように」と私は付け加えた。

5月31日、夜に私と由美とは無事に帰宅した。そこにしなつひこの神から連絡が入り、「明日、午後3時より由美の脳を再手術する」と言ってきた。

「やっぱり、脳がまた下がっちゃったんだ」と由美が言った。しなつひこの神が、「ブレナンとタオと甕男も共に」と言ってきた。

6月1日（日曜日）午後、しなつひこの神と神倭姫命が我が家に入り、さっそく由美の頭部の点検に入った。続いてワカカガシの神（タオさん）とみかしうつの神（臼井先生）とブレナン博士、それにノストラダムスが来宅。午後3時にしなつひこの神から、「くによし、始めよ」とお声がかかった。2度目なので私と由美とに前回のような緊張感がない。私は由美の頭部に両手を軽く置いてヒーリング・パワーを全開にした。ブレナン博士の両手が私の手と重なっているとイメージし、脳を持ち上げる様子をイメージした。

「それで良し」としなつひこの神が言った。時計を見ると始めてから5分経ったところだった。神々がこの手術にすごく慣れてきたんだと思った。私の作業は終わったが、神々はまだ仕事を続行中である。

「何ミリ位、下がっていましたか」と私はしなつひこの神に尋ねた。

「1ミリと少し」と神は言った。

「しばらく、そのまま横になっているように」と私は由美に言った。

午後4時、いざな気の神といざな実の神が来宅。

午後5時、大国御魂神来宅。由美の頭部手術についてしなつひこの神から説明を受けている。私はお神酒と夕食のお供えの準備にとりかかった。

6月2日（月曜日）午後に昨日と同じ神々が我が家に集合。

「由美の脳下部に脳細胞が活発に作られている」としなつひこの神が私に言った。さらに今後の注意点について、

1．一ヶ月間外出禁止

2．脳細胞を効率よく作り出すための食事のメニューについて、担当はみかしうつの神がする。
と指示あり。

「一ヶ月間、由美は特別な集中治療室に入院していると思えばいいのですね」と私。

6月8日（日曜日）しなつひこの神、すくなひこなの神、大国主命、神倭姫命、中村天風先生が夕方6時に我が家に集合。由美の脳を点検。再手術の日からちょうど7日目だ。

7月2日（水曜日）夕方にしなつひこの神来宅。由美の脳下部を点検。

「思っていた以上に脳細胞が増化していて、正常な脳の形に整っている。しかし、脳細胞の密度はまだこれからだ」と神。

「スポンジ状ですね」と私。外観は正常な脳の形になってきているが、中はスカスカだというわけである。

「それで、激しい運動をすると、また、脳が下がってしまう。行動は慎重にすべきだ」と神。

「まだ集中治療室の中での生活が続きますか」と私。

「うん、集中治療室を出て、個室に移ったところと思っていい。この家の敷地の外へ出ても良い。軽い散歩はしても良い」と神。

「由美でないと分からない品物が不足してきているのですが、車に乗せてショッピングセンターに連れていってもいいですか」と私。

「ＯＫ」と神。

７月３日、再手術をして一ヶ月後、由美はようやく玄関の外へと一歩踏み出した。しかし、外出はこの日一日だけだった。台風８号が九州の西海上にあって九州上陸を窺っていた。その台風の影響による長雨が降り続き、由美は再び部屋に閉じ込められた。

三ノ六　八大龍王その後

八大龍王は２０１１年11月１日に引退宣言した。「引退」とは出雲での神々の会議における議長役を辞し、八幡社における祭神の役を下り、仏教界の守護神を辞めたことを指している。つまり神界と仏教界との役割を全て辞めたのである。

どこかの宮司さんが「神様が引退することなどあり得ない」と発言したことを風のたよりに聞いた。しかし神が引退することはある。例えば下照姫神《したてるひめのかみ》は今から三千三百五十年ほど前に引退し、高御蔵《たかみくら》に入った。

「自分の役割が終わったから」というのがその理由である。下照姫神は八嶋地生神《やしまじぬみのかみ》の分神で創造主の一員であるが、天照皇大御神と八嶋地生神との連携役として生まれた神である。神武天皇が大和の地に入り、そこに天照皇大御神を祭る神社を建てた時、天照皇大御神が初めて地上に降り立った。そこで下照姫神は、

「自分の役割が終わった」として、その役目を引退して天上に昇ったのである。つまり、神は引退することがある。

八大龍王も八嶋地生神の分神で創造主の一員である。下照姫神は八大龍王の姉上である。その八大龍王の役割は、地上界と天之御中零雷神との連絡役であった。「あった」と書くのはそれが過去のことであって、今は神界における役職を引退しているからである。八大龍王引退の引金になった事件が２０１１年の夏に起こった。その事件とは八大龍王が作り出した「虚構」を他の創造主たちが見破ったことに端を発していた。虚構（＝バーチャルリアリティの世界）の中に引きずり込まれた神々に対して謝罪の意味で「神界を引退」したのである。八大龍王は引退後もなぜか我が家に住み続けている。その理由を、

「他に行くところも無くなっちゃったからこの家に居させてくれ」と八大龍王は言っている。

「長い付き合いだったんだから、今さらワシをここから追い出さんでくれよ」と私に言う。役目が終わったから下照姫神と同様高御蔵に戻るというのは八大龍王にとってはできないことであった。何となれば、この地上界に八大龍王の御魂分けの人間たちがいっぱい生き

ており、亡くなって魂だけになっている人々の霊界を管理していかなくてはならないからである。下照姫の神は自身の御霊分けの人物を作っていなかった。

２０１１年11月1日に八大龍王が引退宣言して以来、２０１３年に起こる予定だった「ベスビオの大爆発」つまりノストラダムスの預言書の成就に八大龍王は自身の復権をかけていた。しかし、それも無くなって八大龍王はいよいよ気落ちしていった。

２０１３年秋に、天之御中零雷神は八大龍王の役職、つまり地上界と天之御中零雷神との連絡役としての仕事を解いた。八大龍王は自身の生き方について、フリーハンドを得たようなものである。２０１３年秋から２０１４年初頭頃まで八大龍王は自身の在り方について悶悶たる日々が続いていたがその後、八大龍王はヒーラーに転じていった。

「人命救助第一」と自分で決めたのである。人命は尊いがゆえにヒーリングするが、だかららと言ってその者の「守護神」になるかどうかは分からんと八大龍王は言う。

八大龍王がヒーラーと化した？　人がこんな話を聞いたらびっくり仰天するに違いない。だが八大龍王は私が２００１年以来、この道に入ってからずっと、私やノストラダムス、他の神々がヒーリングしている現場にずっと立ち会っていたのである。自然にヒーリングの手法を身につけてきたと考えられるところである。

しなつひこの神がヒーリング・チームを組織し、神界のヒーラーは十一人となっているが、八大龍王はそのチームには加わっていない。いわば単独のヒーラーとしての存在である。しかし、自身では困難と思われる重症患者が出ると、しなつひこのヒーリング・チームに救助を依頼することもあるし、必要な場合はすくなひこなの神にヒーリングを依頼することもある。あるいは私に出動を頼むこともある。こういった神の在り方は、他の神々も同様である。つまり、宗像三姉妹の神は自分たちでヒーリングするか、手に余った場合はしなつひこの神のヒーリング・チームに救けを求める場合もあるし、私に出動を依頼してくる時もある。

「ヒーリングはするが、その者の守護をするかどうかは分からん」と言う八大龍王の言葉について、

「神が存在しているかどうかも知らん人間の守護をどうやってするのか？」と、これは全ての神々が言う。

「その者を守護したいと思っていても、波動が悪くて近づくこともできない。守護するどころではない」とこれも全ての神々が共通して言う文々である。この点は八大龍王も同じ。

「八大龍王が引退したそうだ。さぁ〜大変、誰か他の神様にお願いして私の守護神になってもらうことにしよう。どこの神社に行ったら良いのでしょうか」と言う前にちょっと立ち止まって考えよう。

「私は今までそもそもどの神様に守護されてきたのだろうか」と。

八大龍王と他の神々との違いは営業拠点を持っているかどうかの違いである。つまり八

大龍を祀っている神社はどこにも無い。従ってお参りに行くべき場所は無いのである。

禁句

「私の魂など、どうせ、ろくでもない奴に違いない」と言ってはならない。たとえ謙遜で言うにしても。

神様が怒るぞ。

「ワシはろくでもない神か！」と。それ以後、神はその者の守護を止める。

第四章　天之御中零雷神

四ノ一　遷座祭《せんざさい》

出雲大社本殿が60年に一度の修復作業を終え、神々が本殿に入る「遷座祭」の日、２０１３年５月10日朝を私は自宅で迎えた。その朝午前５時、ものすごい震動音が頭の中に響いて、叩き起こされた。八大龍王の波動とよく似ているが、少し違うようにも感じた。

「どなた様で～」と眠り足らない声で私は言った。

「天之御中零雷神」とその存在は言った。私は声を失った。とりあえずキッチンに下りて熱い緑茶を入れ、一口飲んだ。神棚に昨日この家にお見えになった神々のコップとお神酒、それに昨夕お供えした食事が並んでいた。これをまず片づけなくてはならない。コップの数は20を超えている。出雲の遷座祭の準備会議が我が家で早朝まで続いていた。神棚の片づけに約一時間を要した。次に新しい水をコップに満たした。

神棚の中心に天之御中零雷神のコップを置いた。その右にはしなつひこの神のコップを置いた。

「ワシも来とるぞ」と八大龍王だった。久しぶりの八大龍王の登場でびっくりした。

「引退してたんじゃないの」と私は言いながら天之御中零雷神のコップの左側に八大龍王のコップを置いた。昨日お見えになった神々のコップを新しい水に置きかえて並べ終わると総数は30に近い。最後のコップを置くと、

「天之御中零雷神にお神酒を」となつひこの神が私に言った。

「伊勢にお帰りにならなかったんですね」と私。

「帰ろうとしたら天之御中零雷神がふいに現れたので帰れなくなっちゃってんだよ」としなつひこの神が言った。

「大国主命様たちもですか」と私。

「そうだ」と他の神々が言う。私は日本酒を小さなグラスに満たして神棚の中央に一つ置いて合掌した。

我が家では朝からお神酒をお供えすることは無い。この日は例外中の例外である。

「本日は出雲大社の遷座祭に参加されるために来日ということですか」と私は天之御中零雷神に話しかけた。

「そうじゃ。その前にお前に会っておきたかった。ノストラダムスの預言書を見事、解読したな」と神。

「大変恐れ多いことです」と私。

「今年秋に、ベスビオが爆発する前後にはお前に働いてもらうことになるが覚悟はできているな」と神。

「ハイ」と私。

「ワシは9月25日はナポリ上空で宇宙船の中に居る。宇宙連盟の救助活動を見守るためだ。八大龍王もいっしょに居る。そこにお前も来い。タオが宇宙船の準備をするからそれに乗ってくるように。いいな、分かったか」と神。

「恐れ多いことです。御指示通りにします」と私。

「それから、その後の計画についてはタオの指揮下に入るのだぞ。宇宙連盟の指揮下ではないぞ」と神。その後の計画というのは前著『続・神様がいるぞ!』の十二章で書いた宇宙技術導入計画のことである。

神々は大会議室に入った。しばらくしていざな気の神が会議室から出てきて私に言った。

「明日(11日)は多賀大社を訪問すると天之御中零雷神に言われたので、お迎えの準備をするため、これから多賀大社に行く」と。

残った神々は夕刻に我が家を出て出雲大社へ向かった。誰も居なくなった我が家はシーンと静まり返った。やがて誰か神様がお一人、我が家に入ってきた。

「明日の午前中まで留守番役をするわ」とみつはの女神様だった。みつはの女神専用のコップに水を満たして神棚に置き合掌。

「明日の午前中まで、ということは午後はお出かけになるという意味ですか」と私。

「天之御中零雷神から先ほど連絡をいただいて、12日に川上神社上社を訪問して下さるとのこと。それで明日は午後からお迎えの準備をしなくてはなりません。武雄の命(由美の父親）もお迎えの準備で連れて帰ります」と女神様が言った。

「父はいつも普段着のままで仕事してまして神社の宮司さんの和装をしてませんが」と由美がみつはの女神様に言った。

「神社に正装を置いているんです」と女神様。

翌日（11日）の朝、武雄の命が出雲から帰っているのを確認した上で、私は武雄の命に尋ねた。

「昨日、天之御中零雷神が我が家に入ってきた時の様子はどうだったたか」と。

「何の前ぶれもなくていきなり現れたので、びっくり仰天したよ。他の神様たちも同じで声も出せなかった」と武雄の命。

「どの様なお姿だった？」と私は聞いた。

「球体のままだった。八大龍王もだ」と武雄の命。

「その球体を見て、おやじさんはどうして天之御中零雷神だと分かった？」と私。

「神様たちがみんなそう言った」との答。私は納得できたので次の質問をした。

「球体の中に四つの球体があっただろ。何色だった？」

「黄金色と紫、紺色と群青色」と武雄の命が証言してくれた。私はますます納得できた。

「まだ人型になっていなくて創造主のお姿のままでここへ来たというわけだね」と私。ということは昨朝に神棚に供えたお神酒は飲んでないということになる。手がなかったから。

午前10時30分頃、出雲から下照姫が帰宅。

「早朝に出雲を出発して多賀大社へ天之御中零雷神を送って来ました。今は伊勢神宮に入られました」と下照姫が言った。下照姫神は普段は高御座がお住まいであるがこの年は夏まで我が家を拠点にして活動をしておられた。

「天之御中零雷神は今日、伊勢ですごされますが、明朝は奈良の春日大社を訪問され、午後は川上神社、夕方に熊野早玉神社、午後の6時にこの家に来ます」と下照姫が話した。

「エエ〜ッ、明日（12日）また天之御中零雷神が我が家に来るんですかー」とびっくり仰天して私は叫んだ。

「そうなんだって！」と下照姫。

「夕食のお供えはどうすればいいの？」と私。

「好き嫌いは無い方みたいよー」と姫神。

「それならば明日の午後に買い物に行きましょう」と私。下照姫神に買い物を手伝ってもらおうと思った。

「それで良いと思います。それと明日は津零奇霊神《つぬくしひのかみ》と活奇霊神《いくくしひのかみ》、あやかしこ根の神が天之御中零雷神といっしょにここへ来る予定です」と姫神が言った。津零奇霊神、活奇霊神は富士宮の浅間大社にいて木の花咲くや姫とともに神業をしておられる。この神々は創造主の一員で「人類創成のプロジェクト・メンバー」である。あやかしこねの神はしなつひこ、しなと女の親神で創造主の一員として「人類創成のプロジェクト・メンバー」でもある。あやかしこねの神は普段は伊勢の風の宮におられる。

「分かりました。正月並みに神様がたくさんこの家に集まってくるということですね。お神酒が足りるかどうかチェックしときましょう。それで天之御中零雷神はどこにお泊まりですか」と私。

「ここのゲスト・ルームよ」と姫神。

「アッチャー！」と私は言って、後は声も出ない。

午後に神々が続々と集まってきた。聞くと「12日夜、ここで神々の会議がある」と言う。

午後3時、大国主命と他の三兄弟。

4時50分、いざな気の神といざな実の神。

5時、しなつひこの神とかしこねの神。

6時、宗像三姫。

7時、八嶋地生神、次世見神、木の花咲くや姫。

9時に大山つみの神。八大龍王は天之御中零雷神の秘書役のため、同行していると言う。

この日は我が家には来ない。右に書いた神々は12日にも我が家に来ることになっている。

5月12日（日曜日）朝、下照姫神がこの日来訪する神々の到着時間と神名を私に話した。数えると40神で、正月と同じような数だ。コップを40個神棚に並べ終わると食器棚には一つのコップも残っていなかった。この日の夕食のお供えは和洋折衷とした。ただし肉料理はない。

天之御中零雷神は予定より1時間ほど遅れて我が家に入った。熊野早玉大社で国之床立地神との打ち合わせが長引いたようだ。遅れて到着した分、料理がしっかり整った。午後7時、会議というより宴会が始まった。いつもの大会議室は宴会場に変わっているはずである。総勢40神の大宴会だ。しばらくして天之御中零雷神が宴会場から出て来て、

「話には聞いていたが、くによしは料理が上手だなぁ～」と私に言った。

「急なことでしたので、御満足いただける料理にでき上がったかどうか少々気にしてました」と私。

「うん、充分だよ。ところで明日は九州の神社を訪問するが、朝早くにここを出るよ」と神は付け加えた。そして再び宴会場へと入った。

四ノ二　預言書の終焉

後になって12日の天之御中零雷神の様子を神倭姫命から聞いた。それによると、天之御中零雷神は神社を訪れる時は創造主としての球体のままの姿なのだそうである。ところが12日の夜は我が家に入ってから人型になったという。その姿は50才位で若々しい男性だったと。一方、八大龍王は以前の老人の姿を止めて、若々しいイケメンの姿になっていたらしい。その八大龍王は様々な人型を作る変装の名人であるが他の神々の真似もする。10日の朝に我が家に来てからずっと、天之御中零雷神の秘書役をしていると言う。

さて、12日の宴席で天之御中零雷神はお神酒で酔い潰れてしまったんだそうで、皆んなでかついでゲスト・ルームに運んだそうだ。

翌日（13日）未明の午前4時頃おめざめになって、

「ここはどこ」と言った。としなつひこの神が私に教えてくれた。

「酒がにがてなんですね」と私。

5月13日午前5時、天之御中零雷神が出発。案内役は下照姫神。最初の訪問地は福岡市の志賀海《しかうみ》神社。お出迎えの神は大綿津見神。この神は創造主の一員でしなつひこの神の兄上。その志賀海神社へ行く途中に宗像大社があるが、天之御中零雷神は宗像には寄らなかった。宗像三姫は前日に我が家に来ていて宴会に参加していた。

志賀海神社の次は鹿児島県知覧《ちらん》町の豊玉姫神社。豊玉姫神は創造主の一員でしなつひこの神の妹神である。

三社目は大分県の宇佐八幡神宮であった。お出迎えの神は八嶋地生神、宗像三姫と神功皇后である。宗像三姫は宗像大社を本拠地にしているが、全国の八幡社に祭神として祭られている女神様でもある。八嶋地生神は創造主の一員で、八大龍王と下照姫神の親神であるのと同時に、大国主命や大国御魂神たちの親神でもある。

天之御中零雷神がこの日九州を訪れたのはこの三社だけだった。夕方には兵庫県の西宮神社に入った。お出迎えの神はひるこの神。この神様も創造主で、それはつまり、地球で生まれた神ではないことを意味している。この日、天之御中零雷神の宿泊地は神戸ポート・アイランド・ホテルでそこはこの年の4月22日に私が宿泊したホテルであった。

後日、案内役の神が来て、

「天之御中零雷神は神戸の夜景を見て大変感動していた。そしてこの日は酒に酔うことはなかった」と報告してきた。事実、２０１４年5月に神界に戻るまで、日本に滞在している間はこの神戸のホテルを使うことが多かったのである。

5月14日（火曜日）天之御中零雷神はまず富士山本宮浅間大社を訪れた。お出迎えの神は、津霊奇霊神、活奇霊神、木の花咲くや姫、月の女神、花の女神等である。この内、月の女神と花の女神とは数ヶ月後に高御座にお帰りになった。この時、下照姫も同行している。下照姫神は元々、臨時的に一年間、地上に降りてきていたのだが、役目が終わったので元の居場所に戻った。月の女神は元々、ヨーロッパ担当の神であったが、その役目を終えて、下照姫神に同行し、高御座に入った。花の女神も同じである。

次に天之御中零雷神が向かった先は長野県の戸隠神社だった。お出迎えの神は大戸之道《おおとのじ》神と大戸之辺《おおとのべ》神である。この二神は火山の神で創造主の一員。一般的に戸隠神社の祭神は天手力男神《あめのたじからおのかみ》とされているが、天照皇大御神が私に、

「そんな神、居ないよ。人間が作った御伽話にすぎないよ」と教えてくれていた。

午後に天之御中零雷神は白山神社を訪れた。お出迎えの神は白山姫神である。この神も創造主の一員で、つまり地球生まれの神ではない。また、みつはの女神様の姉上でもある。

夕方に神は秩父神社に入った。お出迎えの神は外世思兼命（創造主の一員）である。

この夜、神は都内のホテルに泊った。これで日本の訪問地は終わり、翌日はヨーロッパへ向かうことになっていた。

5月15日（水曜日）天之御中零雷神はイタリアはナポリにあるベスビオへと向かった。

案内役はノストラダムスである。この年の9月27日に大爆発する予定の「恐怖の大王」の

現場見学を神が最優先しているのが分かる。

ノストラダムスに「預言書」を書かせたのは天之御中零雷神で、八大龍王はその時も天之御中零雷神の秘書役として仕事をしていた。つまり、八大龍王はノストラダムスの預言書に何が書かれているかを初めから知っていたのである。その預言書を解読したのは私であったが、八大龍王はそのことを承知していて、私の人生に初めから介入していた。

ついでに言うと、「洗心の教え」の主導者も天之御中零雷神の仕事でその時も秘書役として八大龍王が関わっている。そのことは当の天之御中零雷神に直接教えていただいた。それは、２０１３年の夏のことであった。


ベスビオを見た天之御中零雷神はこの日終日イタリアの各都市を見て廻り、夜はローマ泊となった。

翌日、ノストラダムスが帰ってきた。

「この後は、ヨーロッパの神々が天之御中零雷神を御案内することになったので、自分だけ先に帰ってきた」と言った。神はこの後、世界中を見て廻り、次に我が家に来た時は8月1日であった。その間、重大な事件が勃発していた。

7月1日に闇水発女神《くらみつはのめがみ》が我が家に来て、

「ベスビオの爆発の件は虚構だ」と私に告げた。闇水発女神とはいざな気の神の分神で通称「雨の神様」のことである。闇水発女神は奈良県下市町にある丹生川上《にうかわかみ》神社の下社の祭神である。その女神様の話によると、

「自分の御魂の日本人がローマにある日本大使館で働いており、その守護のためローマに2〜3日居た。その際、ベスビオにも立ち寄って、火山活動について調査してきた。その結果、ベスビオは今年爆発する気配は無い。測候所の全データを調べて来たが、爆発を示す徴候は何も無かった。仮にベスビオが今年爆発するのであれば、今頃、様々な異常が観察されていなくてはならないはずである」と言った。私は、

「爆発がないと今断言するには早過ぎると思います」と言った。ところが毎日、神々がベスビオに行って同様の調査を繰り返したところ、7月中旬に、

「今年、ベスビオが爆発することはない。それどころか近未来にも、もっと先にも爆発はない」と神々が私に言った。

「闇水発女神様が我が家に来た7月1日は富士山が世界自然遺産に決定した日でしたが、この日は同時にベスビオとその周辺も世界遺産に登録されました。地球の担当神々が爆発させることを止めることにしたのではないでしょうか」と私は神々に言った。さらに、

「7月27日（土曜日）に私は関西日本サイ科学会で研修会講師を勤めるのですが、その日に預言書は終わったことについて発表してもいいでしょうか」とも言った。神々を代表し

て、いざな気の神は、

「その発表はちょっと待ってほしい」と私に言った。ところが研修会当日、講演が始まる40分ほど前にいざな気の神は「発表してよい」と言った。

「ノストラダムスの預言書、終了」の話は2013年、7・8月合併号のサイ科学会レポートに掲載された。その講演会の二週間ほど前に私はノストラダムスに「ベスビオの爆発が無くなったことをどう思っているか」を尋ねた。すると、ノストラダムスは、

「ヨーロッパに大災害が無くなって良かった。ベスビオの大爆発を止めてくれた神様に御礼申し上げる」と言った。彼は自分が書いた預言書が無効になったことを大変喜んでいたのである。そこで私もノストラダムスに同調することにした。ところが8月1日に日本に帰ってきた天之御中零雷神が私に言った。

「ワシは良かったと思っとらんぞ！」と。その言葉に続けて、

「ベスビオの爆発を止めた神は、地球文明の刷新と地球の次元上昇という千載一遇のチャンスを潰してしまったのだぞ」と言った。その後、天之御中零雷神は出雲大社に行き、そこに地球担当の神々全てを集めた。

「誰がベスビオの爆発を止めたのか」について事情聴取が行なわれた。この調査は徹底を極め、必要と思った場合は、アンドロメダ銀河の守護神にまで及んだ。その結果、天之御中零雷神は日本に祭られている「ある一人の女神様」に辿り着いた。その女神様は日本国

中に祭られている大変有名な女神様で日本人ならば誰でも知っている神であった。彼女は天之御中零雷神に呼ばれた。そして、過去に彼女がしてきたことの全てを調査され尽くされた。その結果、

「女神はナポリを大変愛していて、そこを破壊されたくなかった。それでベスビオ直下のマグマを冷やし続けた。その作業は1998年から2013年まで行なわれていた。そのため、ベスビオ直下のマグマが岩盤になり、他の火山専門の神でも爆発させることが不可能な事態になっていた」と天之御中零雷神が私に告げた。

「その女神様を天之御中零雷神様はどうしますか」と私は尋ねた。

「神が神を罰することはできないのだ」と天之御中零雷神は私に言った。そばでこのやりとりを聞いていた八大龍王が泣いた。そんな八大龍王を私は生まれて初めて見た。

「自分はベスビオのことで何もできなかった」と言って。しかし私は泣かなかった。

四ノ三　遷御《せんぎょ》の儀《ぎ》

2013年9月28日、私はサイ科学会の会報を読みなおしていた。このレポートに「進化している宇宙文明の技術導入のことも無くなった」と書いた。ところが天之御中零雷神

が私に言った。

「そこのところはちょっと違うぞ」と。

「どういうことでしょうか」と私。

「前の本でお前が書いた技術導入の話はノストラダムスの預言書には書いてないぞ。ワシはノストラダムスに宇宙技術について何も教えていないぞ。それはお前のレポートではないか」と神は言う。私は『続・神様がいるぞ！』の161頁と162頁とを開いて神に言った。

「この宇宙文明技術導入の件は、宇宙船が地球に来て、そこに地球人が乗り込むことが大前提になっています。ベスビオの爆発が無くなり、宇宙連盟も地球に来ないことが決まったんですから、この話も無くなったと私は思っていますが」

「それはそうなんだが、宇宙船が来なくても技術屋が来ればいいのだろ」と神。

「次元上昇も無くなりましたから、地球の低次元ではETの技術屋さんたちは住めないでしょ」と私。

「北米でドン・ミゲルは住んでいるじゃないか」と神。ドン・ミゲルは明窓出版刊『オスカー・マゴッチの宇宙船操縦記』（オスカー・マゴッチ著　関英男監修）に登場している宇宙人のことで、彼は宇宙連盟に所属している人物である。

「なるほど」と私は納得した。この日の神とのやりとりは翌年の前半に思いもよらない方法で一部が実現してきた。それはティア・ウーバ星人の守護神、タオさんが日本に来て「新しいタオ」に生まれ変わることによってスタートしたのである。この話は本著の第一章六節ですでに書いた。

9月29日、天之御中零雷神が私に、

「明日からは伊勢に行く。遷御の儀に立ち会うので。ここに戻るのは10月6日夜になる」

と告げた。

伊勢では10月2日が内宮、5日が外宮で遷御の儀がある。それが終わってから6日にここへ戻るという天之御中零雷神のスケジュールである。

「それから10月1日には天之床立地神が神界から来るので伊勢で落ち会うことにしている」と神は付け加えた。天之床立地神とは銀河系内で星を作る仕事をする神で、国之床立地の神の親神でもある。もちろん創造主の一員である。右の「神界」というのは宇宙の中心にある神々だけが集う世界のことである。

「ワシも明日からは伊勢だ。ノストラダムスとドクター・パレ、それに武雄命とバーバラも連れていく。みんな遷御の儀を見たことがないからな。もちろん倭姫は神宮の創建者として式典全体を指揮するから当分ここへは来れないよ」としなつひこの神が言った。

「我が家は神無週間ですね」と私。

「ワシが居るぞ」と言ったのは大国主命様であった。

「ああ、そうでした。大国主とその兄弟たちは伊勢には行かないんですね」と私。

「そうじゃ」と大国主命様。

「天照皇大御神様の新居を見に行きたい」と言い出したのは由美だった。

「5月29日頃が気がいいので、その頃」と倭姫が言った。梅雨入りの直前である。前章の三節で書いた伊勢旅行はこの時決まった。


9月30日（月曜日）朝、広い神棚に新しい水を入れたコップを一つだけ置いた。大国主命様と一対一で一日中過ごすことになる。夕刻に型通りお神酒と夕食をお供えして、私がずっと以前から気にかかっていた、ある事について大国主命様にお尋ねしてみようと思った。そのある事というのは、拙著『あしたの世界　P4』の179頁以下に書いたことである。その文章は次のようになっている。原稿は2005年の秋に埼玉県の狭山市に住んでいる頃に書いたものである。その時、翌年に九州に引越することなど夢考えていなかった。

岐阜県と長野県との県境に御嶽山《おんたけさん》がある。岐阜の一之宮神社たる水無神社《みなしじんじゃ》（祭神は時の神）は御嶽山から北西方向にある。その水無神社からは御嶽山が見えない。位山に連なる山々が御嶽山を隠す。御嶽山の全貌は長野県側の三岳村から見ることができる。三岳村は御嶽山の東側にあって木曽福島の町が入口に当たる。木曽福島は木曽川に沿って帯状に町が作られている。

御嶽山は未だに活火山である。裾野には温泉を持つ休養地が広がっている。およそ五万年前大噴火があり、流れ出した溶岩は南へと向かいその先端は遠く各務原《かかみがはら》にまで達した。その溶岩流の淵が今の木曽川を作った。木曽川の右岸は御嶽山から流れ出た溶岩の山である。その下に太古の森林が炭となって埋もれている。それを炭素測定法によって年代を測るとおよそ五万年前の森林と分かった。御嶽山はその後も活動を続け今の山容となった。噴火のたびに新しい火口の周辺に峰々を作り出していったのである。

三岳村から御嶽山全体を見ると右から継子岳、麻利支天山、剣ヶ峰、継母岳と峰々が続く。その内の最高峰が剣ヶ峰で３０６７ｍの標高である。真夏でも雪を頂く。

その継子岳に真白い光の固まりが現われた。山頂の切り立った岩の上。やがて光の固まりは重力にひっぱられるように下方にややふくれ上がる。橋の欄干を支える支柱の擬宝珠《ぎぼし》のような形。ご神火と人は言う。真白い光の固まりはやがて虹色に輝き始め、それはまるで火が燃えているように見える。

白い光の固まりは意識体である。止まり木のかわりに使った岩の上で３６０度、下界の様子を見わたした。北に雪を頂いた高い山脈を見、東には一列につらなった巨大な岩山が続く。それは中央アルプスである。そして、その意識体は風のように一気に山を下った。

やがて自身を四分割した。

問題の箇所は前の文章中にある「白い光の固まりの意識体」のことである。通常、魂が新しい肉体に入る時に右のような現象は無い。わざわざ山の頂上に降り立つような魂はいない。魂はそれが属している神々の霊界から直接胎児に入るのであって「白い意識体」にはならない。

つまり、御嶽山の山頂に下りたった白い意識体は地球外のどこか異次元世界から来たという論理になる。私が知る限りではこの「白い光の固まりの意識体」はアッセンディッド・マスターの姿だ。大国主命様に尋ねたのは「私の魂はどこから来たのか」という質問だった。

その時、大国主命様は、

「うん、神界から来た。それも天之御中零雷神の神界から来た」と言った。

「エッ」と言ったまま、私は声を失ってしまった。焼酎の水割りを一口ゆっくりと飲んで、ようやく次の質問に入った。

「と言うことは、私は下り魂なの?」と。

「うん」と大国主命様が一言だけ言った。

「どうしてこういうことに……」と次の質問をしようとする前に、大国主命様は、

「それ以上のことは天之御中零雷神が直接話しするよ」と言った。その時、伊勢からテレパシーで答が聞こえてきた。天之御中零雷神だった。

「くによしはいつかそのことについて触れてくると思っていた。お前の役目はノストラダムスの預言書を解読することで他には無い。お前の守護を大国主命に頼んだ。八大龍王は指導神として高校生になった頃に付けた」と神は言う。このやりとりを聞いていた由美が、

「あなたは神様だったんだー、神様が私のところに来てくれたんだー」と言って顔色を変えた。非常にびっくりしている。

「あのな、みんな人間は誰しも、そのような存在だろ。由美もそうだろ」と私は由美に言った。

「ああ、そうか」と由美。私と由美との会話が始まったため、神との交信はいったん途絶えた。

「ノストラダムスの預言書が終わりましたので私の役割も終わったということになります。ですが体調は大変良いですし、まだ10年以上働けそうな感じです。何をして生きていきましょうか」と私は天之御中零雷神に尋ねた。

「くによし、ヒーリングは大事な仕事だぞ、ヒーリングを頼まれたら、誰であれ、ヒーリングしてやれよ」と神は言った。この時、すでに12月初旬の大阪でのヒーリング企画がスタートしていた。その切っ掛けになったのが7月27日（土曜日）の関西日本サイ科学会講

演会だった。

1998年に関西日本サイ科学会で初めて講師を勤めた時の講演は「ノストラダムスの預言書研究」だった。このテーマは2013年夏にようやく終わりを迎えた。この間15年の歳月が経過していた。聴衆もその分年を重ねていた。7月27日に最後の講演をした時に、私の話を聞いてくれている人々をヒーリングしなくてはと強く感じた。そこで大阪から帰るとただちに12月初旬のヒーリング期間を設定し、7月27日の会参加者に手紙で書き送った。天之御中零雷神はそのことを知っていて、

「ヒーリングを申し込んで来た人々について、誰であれヒーリングしてやれ」と私に言ってきたのである。天之御中零雷神がヒーリングを大変重要視していることが分かった。

10月6日、天之御中零雷神が天之床立地神といっしょに我が家に入った。天之床立地神が私に、

「自己紹介はいらないよ。話は聞いた」と言った。

「お神酒は何がいいですか」と尋ねると、

「日本酒を」ということだった。

「今日はここのゲストルームに泊って、明朝から、日本各地を廻り、次には諸外国を見に行く」と天之床立地神が私に言った。

「今月の20日から神々は出雲に集まって、会議が始まりますが」と私は天之御中零雷神に言った。

「出雲の会議は地球担当の神々が集まるのであって、わしらは出席しないのだ」と神が言った。

「天之床立地神の御案内はどなたが担当なさいますか」と私は言った。この日すでに下照姫、月の女神、花の女神は高御座に上がっていて、5月の時と状況がすっかり変わってしまっていたのである。

「その土地、土地を監督している神々がリレーするようにして案内してくれることになっている」と天之床立地の神が私に言った。

「なるほど〜、そういう計画がもう決まっていたんですね〜」と私。

「出雲の会議中はワシがこの家に居る」と天之御中零雷神が私に言った。

四ノ四　亡くなっている御夫人からのヒーリング依頼

2013年12月5日、私と由美とは大阪へ出発する前日とあって、旅行の準備に忙しかった。その夕方に一枚の「喪中ハガキ」が届いた。差し出し人は関西日本サイ科学会の幹事氏で既知の人である。そのハガキには以下のようなことが書いてあった。

今年一月十九日、妻は六十一才で突然亡くなりました。「新しい日常生活」から今、十ヶ月が過ぎ「日常生活」に入っています。――以下略――

文章を読んでいて不思議に思った。この幹事氏はずっと以前から私がヒーラーであることを知っていたのに、奥様の病気について何も言ったことがなかったのである。どうして連絡してくれなかったんだろうか。7月27日に大阪で会っていた時も、奥様が亡くなったことについて一言も触れていなかった。そこで私は彼に電話した。すると、

「まったく文面の通りでして、その日私と妻と息子とは息子の誕生日のお祝いのため食事に出かけました。ごきげんで帰ってきてからおやすみの挨拶をしていつものように寝ました。朝に冷たくなってました」と幹事氏は言った。

「病名は何?」と私。

「病気はしてませんでした。どうして亡くなったのか分かりません。でも妻は何の苦しみもなくあの世に旅だったので幸せだったと思います」と彼は言った。電話はこれで終わった。ものすごく事務的である。受話器を電話器に戻した。すると誰か知らない存在が部屋に入ってきたように感じた。

「どなた様でしょうか」と私はその存在に声をかけた。

「妻です。あなたの本は全部読んでおります。あなた様がどんな人なのか、一度会ってみたいと生前から思ってました。今、大国主命様に連れられてここへ来ることができました」と返事があった。私は手にしていた喪中ハガキをその方に見せて、

「このハガキに書いてある名前の方ですか」と尋ねた。

「その通りです」と彼女。

「今、御主人と電話してましたが、このやり取りを聞いてましたか」と私。

「ハイ、始めから全部見てました。夫に電話してくれて、うれしかったです」と言う。

「どうしてこんな若い内に亡くなったんですか」と私。

「そういう人生設計でした。最後の輪廻転生でした」と彼女。

「あなたが初めて人と化したのはいつごろでしたか」と私。

「今から六千年以上前でして、人間は30回以上に及びました」と彼女。

「1月19日という日はどうして？」と私。

「以前から大国主命様が私のところに来て、出雲がとっても忙しいので手伝ってほしいと言ってました。その日は息子の誕生日だったので、誕生会をしてその後で神界に戻ることに決めてました」と彼女は言った。

「なるほど、なるほど、そういう事情だったんですね。ところで大国主命様がいっしょに

来ているようなので、大国主命様に一つ質問があるのですが」と私。

「何じゃ」と大国主命様。

「この方は亡くなってからまだ一年も経っていませんので今は出雲の霊界で浄化中なんでしょ」と私。

「うん、出雲からは2月に出て、今は大阪の分社に主任として勤めてもらっているんだ」と神。

「エエ～ッ、もう浄化が終わってるんですか。しかも大阪分社の主任ですか」と私はびっくり仰天した。先ほどの電話で幹事氏は、

「妻は普段、天使のようで、まるでマリア様のような人でした」と言ったことを繰り返し頭の中で思い出していた。そこで幹事氏にＦＡＸをすることにした。文面は以下。


奥様が先ほどより我が家に遊びに来ています。お神酒は赤ワインをお望みでしたので今、赤ワインを神棚にお供えし、チーズ他ワインのおともをお供えしたところです。

奥様は1月19日より約1ヶ月ほど出雲大社で大国主命様とすごされて後、大阪分院を担当することになったとのこと。神様の言葉では「その神社を預る」と表現されるのですが、奥様は出雲大社の大阪分院を預かっていると言っておられます。主任だそうで、その奥様が、「私はまだ神様にはなっていませんけどね」と言っておられます。私の守護神は出雲の大

国主命様なんですが、あなたも同じです。そのため、奥様はずっと以前から私のことを知っていたんだそうです。その奥様が、

「大阪で夫と会う時、ヒーリングしておいてください」ということです。

「私が早くに死んで夫が悲しんでいるから」と言ってます。7日に大阪でお会いする時にヒーリングしておきます。

奥様は六千年以上も輪廻転生していて、出雲での浄化は大変短かくて、もうすでに神社を預っているようで優秀な方だったんですね。こんな例はあまり聞いたことがありません。私の想像ではもう数年経つと神の領域に入り大国主命様の分神になられるでしょう。

生前「酒を呑む女は夫が嫌う」と思っていて呑むことをひかえていたそうです。ほんとは「すごく呑める女」だそうです。

「このワイン、おいしいわ～」と奥様が言ってますが、女神様たちはみんなこのワインを好むので我が家には常備してあるのです。山梨県のワイナリーで作られています。

「夫は私のことを愛してくれているのかどうか、生前はまったく分からなかったんですが、死んだらほんとはすごく愛してくれていたんだということが分かって本当にびっくりしてます」と奥様が言ってます。

出雲大社の大阪分社がどこにあるのか私には分かりませんので調べて教えておいてください。以上、邦　２０１３年12月5日夜、記。

後にこの神社は、大阪府松原市天美北7―11「関西　出雲　久多美神社」と分かった。

大阪には出雲分社がたくさんあるのだが、幹事氏が住んでいるところから最も近いところにある分社だった。

話を12月5日の夜に戻す。大阪でのヒーリングは三日間を予定していた。申し込みの患者数は十六人だった。このため、予めヒーリングプランを建てるため、ヒーリング・クインテットとしなつひこの神、神倭姫他多くの神々が我が家に集まっていた。そこへ奥様が入ってきたという状況だった。

ＦＡＸを幹事氏に送った後で、私は奥様に尋ねた。

「ヒーリングに興味ありますか」と。

「大変興味ありまして、三日間のヒーリングを見学させていただきたいのです」と奥様が言った。

「いいとも」と私。

「それと7日は関西日本サイ科学会の忘年会でして、私初めての参加になります。御主人もお見えになりますのでごいっしょにどうですか」と私。

「いいとも〜」と彼女は言った。この夜、奥様はずっと我が家に居て、多くの神々、ヒーラーたちと話をされていた。ワインもいっぱい呑んだ。翌早朝に神社に戻られた。私と由美とは大阪へと出発した。

12月6日、大阪のホテルにチェックインして直ちにヒーリングを開始し、夕方までに三人を終えた。翌12月7日、午前中に例の幹事氏が御友人を運んで来た。脳梗塞を患って、半身不随に陥っている老女を車椅子に乗せて部屋に入ってきた。この老女は奈良から車で来ていた。部屋に入ってくるなり、幹事氏は、

「妻は今、どこに？」と言った。私は、

「あなたといっしょに居ます。この部屋に居ますよ」と言った。一通り、老女のヒーリングをして、再び車椅子に乗ってもらい、次に幹事氏のヒーリングをした。亡くなった奥様の依頼だったから。部屋から出て行く直前に、

「後でまた、忘年会で会いましょう」と私は言った。午後に四人の患者をヒーリングして、私と由美とは早めに忘年会場に向かった。そこで、この日最後の患者をヒーリングするためであった。その人は関西日本サイ科学会の幹部の一人である。この二ヶ月ほど風邪をこじらせてしまい、食事もろくろくできていないという話だった。

幹部とはサイ科学会の役員をしている人のことで、会長、副会長、会計係などの立場が

ある。私と由美とは忘年会場には一番乗りだった。ヒーリングの会場としているホテルと忘年会会場のレストランとが近い距離にあった。

患者は厳重に防寒具を身に着け、大きな真白いマスクをしてレストランに入ってきた。「風邪薬をかなりたくさん飲んでるのですが」と彼はゼイゼイ咳こみながら言った。「ヒーリングには関係ないよ」と私。すぐにヒーリングを開始した。レストランの主人も従業員もこの行為に対して何も言わない。私とその患者がここの常連だからである。ヒーリングは20分ほどで終わった。そこに忘年会に参加する方々が集まってきた。午前中にホテルでヒーリングした幹事殿も店に入ってきた。「送ってきたよ」と言う。車椅子の患者さんのことだ。

四ノ五　忘年会

忘年会の参加者は大部分、関西日本サイ科学会の幹部と幹事さんたちで、部外者は三人だけだった。その部外者とは私と由美ともう一人若い男性のことである。私と由美とはサイ科学会に所属していない。他の団体にも所属していなくて、完全にフリーな立場になっている。

午前中にヒーリングした幹事さんは私の右斜め前に席を取り、午後にヒーリングした幹部さんは私の左斜め前に座し、それぞれが私の顔を見て話ができる席にいる。会長の挨拶によって会は始まった。各自注文した飲物で乾杯した後、一杯呑んだ。すると例の幹事さんが、

「今、妻はどこに?」と午前中とまったく変わらない言葉で私に話しかけてきた。

「奥様はあなたのすぐ後のカウンターに座っておられます。神様たちといっしょに居ます」と私は答えた。すると幹事氏はパッと後を振り向いた。

「見えないでしょ」と私は彼に言った。すると幹事氏はすぐに私を見て、首を縦に振った。

「呑んでる?」と彼は私に聞いた。

「うん、あなたと同じ物をね。おいしいと言ってる」と私。彼はまた首を縦に振って後をふり向いた。手に持った飲物の器をぐっとカウンターに向けた。奥様と乾杯している。私の座っている席と並行して座っている誰かが、私と幹事さんのやりとりが聞こえているようで、

「先生、何の話してんの」と私に声をかけてきた。顔が見えない。すると私の隣りに座っていた会長さんが、その質問者に、

「彼の奥様が今年の正月に亡くなっていてね、その奥様の話をしているところだ」と私に

代わって言ってくれた。

「ああ、そのこと」と質問者は言って、また横に居た人と話をしだした。

「大国主命様は来てる？」と幹事氏が私に質問した。

「うん奥様の横に」と私。また彼は首を縦に振った。後に振り返って合掌している。

「他にも神様来てる？」とまた質問。

「うん、しなつひこの神、いざな気の神、天照皇大御神、神倭姫命、それと宗像三姫、ノストラダムス、バーバラ・アン・ブレナン博士、ドクター・パレ、武雄命、それに他にも……」と私が言うと、

「神様たち、そんなにいっぱい来てて、座る席あるのかなー」と幹事氏。

「うん大丈夫だよ、そのカウンターはL《エル》字型になってて、左側の奥は深いよ」と私。

「ああ、そうだった」と彼。

「あら、風邪引いてて、食事もできないって言ってた人が、今日はここに来てんの〜。前月のサイ科学も欠席だったのに〜」と事務局嬢が大きな声で幹部氏に言った。彼は首を縦に振っただけで黙々と鍋料理を口に運んでいた。おそらく2ヶ月ぶりの本格的な食事だったに違いない。事務局嬢の言うことより、今は食べることに全意識を向けているのである。

彼女は、会が始まる直前に私がヒーリングで幹部氏を治してしまったことを知らなかったのである。

会も半ばに入ったところで会長が立ち上がり、出席者全員、一人一人が何か話をするようにと言った。会長は初めの人をまず指名しその次の人は時計廻りに順に話すように言った。やがて私の番が廻ってきた。私は立ち上って、自分の名を名乗った。

「昨日から、大阪でヒーリングするために来てまして、本日は朝から八人の患者さんをヒーリングしてきました」と私は言った。すると会場の誰かが、

「先生、そんなにヒーリングしたら、さぞかしお疲れでしょう」と質問した。私は、

「まったく疲れてません」と答えた。

「そんなはずは無いでしょ」とその質問氏が言った。

「自分の力、自分のエネルギーを使ってませんので疲れないいんですよ」と私。

「それ、どういうことですか」とまたつっ込みの質問。

「全ての宇宙空間にはエネルギーが満ち満ちています。それは物質以前の光のエネルギーです。それが人間のチャクラから入ってきて、脊椎に集まってきます」とヒーリングの原理を説明し始めた。すると、しなつひこの神が、

「いいぞ、くによし、その調子だ。続けろ」と声をかけてきた。酔っぱらいの乗りである。私もだいぶ酔っている。ヒーリングの話を進めていると、横に座っていた会長が私の着ている服を引っぱった。私は顔を会長さんの顔に近づけた。すると会長さんが、

「先生、今日は講師料の用意してないんですけど」と小声で囁いた。

「今日は忘年会だから何言ってもかまわんと、さっき会長は言ったじゃないですか」と私は会長に返した。一通り、ヒーリングの話を終わると、今度は会長が話し始めた。

「チャクラから宇宙エネルギーが入ってきて生命エネルギーになるということは仙人はそのようにして生きているってこと？」と言う。

「そうだと思いますよ。私はまだ仙人に出会ったことがないですけど」と私。

「先月のサイ科学会の講師が言ってたんですけど、彼、水だけで生きていけるんだそうで」と会長。

「そうですか、やっぱり仙人はいましたか」と私。さすがにサイ科学会の忘年会である。見えない世界の話が酒のさかなになっていて次から次に話が発展していく。

サイ科学会の創立者、故関英男博士は仙人のことを自著に書いていて、

「仙人はプラーナをチャクラから取り入れて生きていて、口にするものは水だけである」と言う。プラーナとはインドの言葉だと思えるが、

「宇宙の全空間に偏在している、物質以前のエネルギーのことである」と先生は定義している。そのことをバーバラ・アン・ブレナン博士は「ユニバーサル・エネルギー」と呼んでいて、ヒーリング・パワーの源であると言う。その「ユニバーサル・エネルギー」を日本語に直訳すれば「宇宙エネルギー」となる。「プラーナもユニバーサルエネルギー」も共に同じ現象を示しているのである。

日本全国、至る所に「気功教室」がある。関英男博士はその「気功」ということに大変興味を持っていた。

「プラーナがチャクラから入ってきて気功の気の力に変換する」と言うのである。一方でブレナン博士は、

「ユニバーサルエネルギーが心臓を通過すると生命エネルギーの源になる。それがヒーラーの手から出るヒーリング・エネルギーとなる」と御著に書いている。とすれば、気功の気エネルギーとヒーリング・パワーは同じものであるということになる。そうすると、日本全国至る所に居る「気功をしている人々」はみんなヒーラーであるという論理が成り立つ。ところが現実はそのようになっていない。気功の名人と言われている人々の内、ごく数人がヒーリングをしているのみである。その方々は「気功」の指導的立場にある人であるが、気功教室の全ての指導的立場にある先生たちがヒーラーになっているかといえば答は非常に否定的である。むしろ、気功をしている人々はヒーラーになろうとして気功をしているわけではない。

「気功の気はヒーリング・エネルギーと同じものではない」といえる。これは論理的帰結である。

その一方、BBSH（バーバラ・ブレナン・ヒーリング・スクール）の卒業生たちが日本に百人以上いる。ところが開業しているのはその内の数人のみである。ヒーリングを数

年かけて本格的に学んだ人たちでさえヒーラーにはなれない。その方々はヒーリング・パワーを出せているはずであるし、その使い方を学んでいるはずである。

私は気功教室に過去一度も足を運んだことが無く、ＢＢＳＨの卒業生でもない。しかし私は公の面前で、

「私はヒーラーです」と言って、公衆の面前で患者をヒーリングし、病気は治っていくことを人々に知らせている。いったい何がヒーラーとそうでない人を分けているのだろうか。その問題点に至らないまま、忘年会は終わりの時間を迎えた。しなつひこの神が、

「ワシらはホテルに戻ってまた呑んでるよ」と言った。

私と由美とは会員の面々と暮の挨拶をして会場を後にした。

ホテルに戻ると、そこへ神界のヒーラーたちと神様が来た。

「明日の打ち合わせをしておこう」と言う。そこで私は予め申し込みがあった患者六人分のデータを広げた。その中に和歌山のＳ嬢と兵庫県西宮市のＴが居た。しなつひこの神が、

「ＳとＴとは手強いぞ」と言う。

「何時間位かかりますか」と私。

「ヒーリングはしてみないと分からぬ」と神。

「私、昼食は摂りませんので、この休みの時間で、午前中の患者と午後の患者との時間調

整をすることにし、なお、長野市から来ている患者を夕方にしましょう。彼女にはこのホテルに二泊するように言っておきました」と私は言った。打ち合わせが終わると、神々はこのホテルにある最上階のバーへと行き、私と由美とは明日の朝のヒーリングに備えて早めに眠りにつくことにした。

四ノ六　ヒーラーとは何か

２０１３年12月８日（日曜日）午前９時からヒーリングが始まった。この日、最初の患者はサイ科学会研究会で出会った男性で会社の社長、「緑内症」の治療である。予め、しなつひこの神から緑内症の治療法についてレクチャーを受けている。第五チャクラと第六チャクラのヒーリングが主で、目に直接ヒーリング・パワーを当ててはいけないと指導されている。私は指示された通りにヒーリングを行い、30分で終了した。

二人目の患者もサイ科学会で出会った老人で大阪府の大東市の名士、「パーキンソン病」を患っていた。ヒーリング時間は30分で終了。

三人目は私が知らなかった人で和歌山市から来たＳ嬢。昼近くまでヒーリングの時間を費やした。やっと終わったと思っていたら、木の神が、

「ついでにこの娘の母親もヒーリングしとけ」と言った。この日四人目の患者だった。ヒーリングプランが予め建てられていない。ぶっつけ本番のヒーリングである。「神界のヒーラーの誰がこの患者を担当するか」決まっていない。その時、しなつひこの神が担当することが決まった。この娘と母との魂が木の神だった。木の神は娘に続いてその母親も一貫して私の背後からヒーリングエネルギーをコントロールしていたのである。

私は手翳しで患者にヒーリング・パワーを注いでいる。この時、ヒーリングの神が私のエネルギーを使って患者の患部を治療している。一方、患者の守護神は私の背後に居て、必要なヒーリングエネルギーを私に送っている。この状態全体を「ヒーリングする」と言う。この時、ヒーラーは神々に囲まれながら、神々に向き合っている。ヒーラーは神々に使われているのであって、ヒーラーが患者を治しているのではない。

仮にその患者の守護神がいない場合は、私の背後でヒーリングエネルギーをコントロールしてくれる「神界のヒーラー」にその役を頼むことがある。そんな場合は私の相棒たるノストラダムスが私を助けてくれる時がある。また、ノストラダムスが患部を治す医師の立場に廻る時には、私の背後の役割は私の守護神たる大国主命様や神倭姫命が行う。

気功師がヒーラーになれない事情は右の文章で分かるであろう。ヒーリングとは神々の仕事なのである。ＢＢＳＨの卒業生が即ヒーラーとなれない事情も同じである。「自分のパワーが病気を治している」と考えている間は気功師だろうと何人だろうとヒーラーにはなれない。

「おれが、おれが、私が、自分の力が、と我ばっかり張っている人」は洗心できていない人で、波動が大変低い人である。波動が低いままではヒーラーにはなれない。神がいくら守護したいと思ってもその人の波動が低いと近づくこともできない。それはその人の親神が守護していない状態である。この意味で「神に守護されていない人々」は大変多い。「洗心」を心がけて波動を身ら上げようとすると、神はその人を応援し始める。

ここで12月8日午後の話に戻る。最初の患者は兵庫県西宮市から来た二人の姉妹で当時姉さんは83才、妹さんは82才。二人とも私の昔からの読者で、この年の7月27日、関西日本サイ科学会にお見えだった。11月16日午後5時過ぎにヒーリングの申し込みをいただいた時に私は二人に言った。

「死ぬことは決して悪いことではありません。あなたの魂は親神の元へ戻るだけです。そこで修業して再び次の人生設計をするんです」と。この姉妹より私の方が16才も年下なのであるが……。

「それはそうでしょうが、私たちもう少し生きていたいんです。姉が重態になっていて、今姉に死なれると私一人でとっても困ることになるんです。兄弟たちが先に死んでしまって、この一家は私と姉だけになってしまいました。先生、助けて下さ～い！」と妹さんが言った。

「事情は分かりました」と私は言っていったん電話を切った。私は例によってこの二人の守護神に連絡し「どうすべきか」を尋ねた。神は即答をしなかった。この時神は西宮に行き二人の状況を見て来た。しばらくして戻ってくると、

「何とかしてほしい」と言う。直にヒーリング・チームが動いた。夜遅くに戻ってくると、「最悪の事態」と言った。神々はこの夜、二人の姉妹を助けることに決めた。仮にこの姉妹が私の行動パターンを知っていれば12月8日を待たずに私は西宮へ出張できた。次の日に西宮へ車で行き、ヒーリングして、午後には帰路につける。この年の4月に私はそれをやっていた。その時は神戸市内でのヒーリングだったが。長距離出張を車で行うことに慣れているのである。急患がある時がそのようなケースで、九州は全域、東は兵庫県内まで車で移動する範囲になっている。しかし、西宮姉妹は「12月8日の日曜日午後にヒーリングしてほしい」と言ってきた。そこで私は西宮に電話して、

「大阪のヒーリング会場まで二人は来れるのですか」と尋ねた。すると、

「阪神で行けます」と言う。電車の話をしているのではなく、12月8日の日まで生きていられるかどうかを尋ねているのである。しかし、阪神電鉄でホテルまで来るつもりのようなので、それ以上の話を止めた。

ヒーリングの当日、確かに二人はホテルに来た。しかし、一人の御婦人が付き添っていた。その御婦人は前日午後にヒーリングを終わった人で、しかも7月27日の講演会出席者で昔からの私の読者だった。

ヒーリングを開始すると姉さんは「胆嚢癌、胆管癌」と分かった。医者はこの病気を治す術を持っていない。死を待つことだけだ。我が家のヒーラーが予め調べた通り「最悪の事態」だったのである。私は一通りのヒーリングをして、

「今夜、ノストラダムスが神霊手術に行きますから、早めに床に入っていてください」とだけ言って、病名を明かさなかった。ヒーラーは医者ではないので患者に病名を明かしてはならないのである。

妹さんの方は「脳梗塞」で倒れる直前の状態だった。そのことを御自身が知らなかった。二人共その場で完治させることは不可能だった。私は神の指示に従って、二人に必要なヒーリング・エネルギーを体中に満たしておいた。夜にヒーラーたちがこれを利用して神霊手術をする、その準備を完了したのである。

「お帰りになってけっこうです」と私は二人に言った。すると付き添いの御婦人が昨日に

続き、もう一度ヒーリングしてほしいと言った。この人は頸椎が一ヶ所ずれていて、「脳脊髄液減少症」だった。それを発見したのは私であった。その時彼女は、「何年も医者に診てもらってますが、医者はそのような診断を一度もしませんでした」と言う。私は、「その医者は脳脊髄液減少症のことを知っていますか」と御婦人に聞いた。

「さぁ〜」と言って彼女は黙った。

「私は大変長い間、この症状の改善について研究してきました。どうしたら治せるかも分かってきました。この件についてはあなたの主治医より詳しいと思いますよ」と私。その間にしなつひこの神が神霊手術により頸椎のずれを修復した。

「昨日、ヒーリングしていただいて、帰りの電車に乗った時、後ろから飛び乗って来た男性に体当たりされて、また首がおかしくなってしまいましたのでみてください」と彼女は言った。そこで私は彼女を座らせたまま、首に手を当てた。すると、昨日治した箇所と別の頸椎の箇所が痛んでいた。そこでしなつひこの神に頼んで修復していただいた。

この日八人目の患者は新潟に近い長野県から来ていた。古くからの私の読者である。病名は「甲状線ホルモン異常」である。担当のヒーラーはバーバラ・アン・ブレナン博士だった。所要時間は30分で終わった。私と由美と患者さんはその部屋で食事をした。神々は別のホテル内レストランに入っていた。超高級和食のレストランだ。

長野県から来た患者は札幌の大病院に勤めていた元看護士で、定年退職した後、実家に戻っていた。彼女の母親が病気でその介護をしていたが、介護で疲労しきっていたのである。翌朝、彼女は元気に歩いて大阪駅へ向かった。数キロあるはずだが。

12月9日に大阪から帰宅し、患者さんたちのフォローの仕事が一週間ほど続いた。ヒーリング後のケアーということである。

2013年12月22日、大国主命様が亡くなった一人の女性を連れてきた。天照皇大御神がその数日前から自分の御魂分けの亡くなった女性がここへ来ると予言していた。その女性に話を聞くと「10年前に59才で病気により死亡、その後出雲の大国主命様の霊界で浄化をしていた」とのこと、生きていれば69才か70才ほどになっていて、私より3～4才年上である。その方に名前を聞くと「前田」と答えた。下の名前はと聞くと「かよ子」と言った。旧姓を聞くと「石崎」と答えた。紙に、「石崎佳代子」と書いて、これで良いかと聞くと、その通りですと答えた。

この人、私が大学四年の時、数ヶ月おつき合いがあった人である。この人の自宅に一度行って御家族と話をしたことがあった。その時、御両親が私に、その子と付き合わないでほしいと頼んだ。その理由は石崎佳代子が社会に対して適応障害を持っていたからである。

彼女は身体障害者手帳を常に持っていた。私はしなつひこの神に彼女の脳神経回路を調べてくれるようにと頼んだ。特に左脳の論理回路を詳しく調べてくれるように頼んだ。

「オーラの第五層、人体の設計図の左脳に倫理回路が欠落している」としなつひこの神は言って、すぐにそれを作った。

「これで、次の人生は通常の人間として生まれ変わる」と私は言った。次に大国主命様に頼んで佳代子の御両親を呼んでもらった。母親は大国主命様の御魂だったので出雲にいた。父親は鹿児島のうつし国魂神の御魂だった。佳代子の両親に彼女がなぜ適応障害であったかを説明し、次に生まれてくる時は正常な人になることを告げた。

ヒーラーは亡くなっている人もヒーリングするのである。ここが医者とは違う。もっとも、ヒーリングするのは神様であるが。

天照皇大御神が遅れて我が家に入ってきた。「石崎をくによしの所に行かせれば、くによしはきっとこういう措置をすると思っていたよ」と言った。石崎一家は翌23日の午前5時まで我が家で遊んでいて、早朝に両親は佳代子を熱田神宮まで見送った。佳代子の職場が熱田神宮と決まったからである。その神社の祭神は倭健命である。

おわりに

人は皆誰でも、魂が存在していることを知っている。自身の魂が神に繋がっていることも知っている。ところが普段の生活の中で常にそれを意識して活用している人は大変少ない。活用することを知らない。また、そのことを教える人も無きに等しい。

「洗心すれば病気にならない」と書き残したのは田原澄であった。しかし彼女は洗心するとどうして病気にならないのかについては書けなかった。

「洗心すると波動が上がる。すると神様が守護しやすくなり、いっそうその者に近づきやすくなる。それで神様がヒーリングし易くなる。ために病気にならない」というのが理屈である。科学的に波動理論で説明可能である。

「意識とは波動のことである」あるいは「意識は波動を持っている」ともいえる。科学的に測定可能である。田原澄の「洗心の教え」を加速学園で広めていた故関英男博士（2001年12月没）は96才を超えてなお、お元気で仕事を続けておられ、病気一つしなかった。田原澄が言っていたことは本当だった。

「守護したくとも波動が汚なくてその者に近づけない。くによし、その者を浄化してくれ」と神様が言ってきたら私の出番である。人間が病人に近づくことはできる。つまり、ヒーラーは「神の盾《たて》」なのである。「浄化」のことをブレナン博士は医学用語で「キレーション」

と表現する。そのキレーションの仕方は彼女の著書『光の手　下巻』の第22章でイラスト付きで解説されている。神の盾たるヒーラーがどのようにヒーリングするのかはその本を見ておけば予め分かる。

私に患者のヒーリングを依頼してくる神々はその患者の魂の親神である。ヒーリングを通じて大変多くの神々と知り合うことになり、そのことで『神様がいるぞ！』のシリーズを書いておいた。患者は自分の親神のことを知らない。それでも良いと神は言う。親神を知らずとも神はその者を守護するのが神と人との関係であると神は言う。

私の67年間の人生で、たった一人だけ自分の御親の神が誰であるかを知っている人に出会ったことがある。その人は加速学園に東京の八王子市から通ってきていた男性で、日本サイ科学会の幹事をしておられる。不躾に私は彼に、

「あなたは御自身の守護神を知っていますか」と質問したことがあった。その時彼は、「しなつひこの神です」と即答した。こんな人に初めて出会ったので、私は大変びっくりした。後にも先にも、自分の守護神が誰であるか知っている人に会ったことがない。

ほとんどの人々は自分の親神、それは守護神のことでもあるが、そのことを知らない。ヒーリング時に患者がそれを知っておいた方が良いので『神様がいるぞ！』のシリーズを書いておいた。この本はヒーリング副読本である。健常者がこの本を読んでくれて、かつ、自分の守護神が誰であるかを知った。

「病気は気づきである。病気をしたら、自分の人生の生き方を改め、反省して、洗心の心で生きよ」と言ったのは田原澄である。病人は波動が大変低くなっている。その波動を修正してあげることができるのがヒーラーという存在である。ヒーリングとは波動修正のことである。ただし、ヒーラーは医者ではないので、

「あなたはどうしてこの病気になったのですか」と私は患者に問い正すことになる。病気の真因に気づかない人というのは、再発するものである。再発した患者のヒーリングを私はしない。無意味である。

私の読者の中に医者が多い。その方々は最初、「ノストラダムスの預言書」に引かれて私を知ることになった。ノストラダムスは医学博士で、当時のフランス王室の顧問医師だった。そのノストラダムスが今は「神界のヒーラー」となっている。現役の医師が神界のヒーラーと同調することがあるのは極く自然の成り行きというものである。波動の共鳴現象が現界と神界の間に発生するからである。ノストラダムスと私とは元同一の魂で、片われ同士である。二人には共通の師匠がいる。しなつひこの神である。そのしなつひこの神が守導する医師、現役の医師が多くいる。その現役の医師が今、私に彼の患者のヒーリングを依頼してくるようになった。医師とヒーラーとの共同プロジェクトが始まった。そのプロジェクトのプロデューサーはしなつひこの神である。

２０１４年７月31日　記　　池田　邦吉

参考文献

『セスは語る』『個人的現実の本質』ジェーン・ロバーツ著（ナチュラルスピリット社）
『パスワーク』エヴァ・ピエラコス著（ナチュラルスピリット社）
『死後の世界を知ると人生は深く癒される』マイケル・ニュートン著（ヴォイス社）
『神との対話』１～３　ニール・ドナルド・ウォルシュ著（サンマーク出版）
『超巨大宇宙文明の真相』ミシェル・デマルケ著（徳間書店）
『シルバー・バーチの霊訓』近藤千雄役（潮文社）
『神武太平記（上）（下）』荒深道斎（弘報社・ＦＡＸ１３―３５０２―１５３３）
『古神道秘訣（上）（下）』荒深道斎（八幡書店）
『日本の神々の事典』（学研）『天皇の本』（学研）
『古事記』島崎晋（日本文芸社）
『光の手（上）（下）』『癒しの光（上）（下）』バーバラ・アン・ブレナン（河出書房新社）
『あしたの世界』シリーズ１～４　池田邦吉（明窓出版）
『光のシャワー』池田邦吉（明窓出版）
『21ノストラダムス』１～５　池田邦吉（明窓出版）
『オスカーマゴッチの宇宙船操縦記』１＆２　オスカー・マゴッチ（明窓出版）
『ｉＰＳ細胞とはなにか』朝日新聞大阪本社科学医療グループ（講談社）

◎ 著者紹介 ◎

池田邦吉（いけだ　くによし）

1947年2月6日、東京都生まれ。

'69年、東京工業大学建築学科卒業。

主要著書

「21 ノストラダムス　NO１、NO２、NO３、NO４、NO５」「あしたの世界１、２、３、４」「光のシャワー」「神さまがいるぞ！」「続 神さまがいるぞ！」(明窓出版)

神様《かみさま》といっしょ

神々《かみがみ》のヒーリング

池田《いけだ》邦吉《くによし》

明窓出版

平成二六年十一月十日初刷発行

発行者 —— 増本　利博

発行所 —— 明窓出版株式会社

〒一六四—〇〇一二

東京都中野区本町六—二七—一三

電話　（〇三）三三八〇—八三〇三

ＦＡＸ（〇三）三三八〇—六四二四

振替　〇〇一六〇—一—一九二七六六

印刷所 —— シナノ印刷株式会社

ISBN978-4-89634-349-6

ホームページ http://meisou.com

続　神様がいるぞ！

池田邦吉著

今回も、神様方との愉快な会話や神話雑学も満載で、読み応え充分。地球の創成からの神様の詳しい系図もあり、神社に祀られる神々同士の関係性もよく分かる。

「地球より優れた文明を持っている惑星がたくさんある。地球文明は最も遅れている文明である。優れた文明の惑星をコピーしておいてそこへ本物の宇宙船（地球人はＵＦＯという）を使って地球人の一人を運ぶことができる創造主がいる。目的はその地球人に新しい文明を学ばせることである。もちろんその惑星はバーチャル・リアリティの世界なのだが、運ばれた人にとってそれは虚像ではなく本物の環境としか思えない。同じような手法で、地球の深部に大きな空間があって地底人が住んでいる世界があると思わせるような事態も創り出せる創造主もいる。これは地球人をからかっているのかもしれない。

宇宙船はそれ自体、ある創造主が創っている。バイオ・テクノロジーによって培養された一種の生命体である。しかし感情を持っていない。生命体であるが、同時にそれ自体が巨大なコンピューターのような乗り物である。宇宙船はあらゆる次元変換ができるので、その中に入っている人間は宇宙船ごと次元変換できて、あらゆる銀河、惑星に行くことができる。その手法を使ってバーチャル・リアリティの世界にも入ることができる。それどころか、過去にも未来の世界にも行くことができる。

宇宙連盟の本部はザンシュウス星という惑星にあることを教えてくれたのは八大龍王であった」　（本文から）　1500円（税抜）

神様がいるぞ！

池田邦吉著

「古事記、日本書紀には間違いが多いわ～。
私、ににぎの命のところになんか嫁にいってないわよ。
岩長姫なんてのもいないわ。人間の作り話！」
（木の花咲くや姫談）

日本の神々の知られざるお働きや本当の系図が明らかに！
神々が実はとっても身近な存在であることが深く理解できます。

「十八神の会議は地球に陸地を造り出そうという話であった。その仕事をするについて、いざな気実神というわしの分神に担当させることにしたのじゃ。いざな気実神だけでこの仕事を成し遂げることは出来ないので、十八神が協力して行うことになったのだ。ワシは岩盤、今で言うプレートを作った神なんで数千メートル海底の下から手伝うことにした。他の神々もそれぞれの分野で担当する仕事を決めたんだ。

その後でいざな気実神は岩盤より下を担当するいざな実と海から上を担当するいざな気神の二神に分かれた。

神には人間界のような結婚の話や男女間の関係というのはないよ。人間の形はまだなかった。人類が生まれるよりはるか昔の大昔の話なんでな。記紀の話は間違いがどの辺にあるかくによしは分かるであろう」
と国之床立地神が言う。部屋に誰か他の神が入ってきたような気配を感じた。（本文から）

定価1429円（税抜）

シリーズ

21ノストラダムス

池田邦吉著

NO1

１９９９年を示す数字とおぼしき文字の並びは数字を示してはおらず、別の言葉であると解けた。しかもその話はどうやら近々らしい。恐怖の大王の話は消えたわけではなかった！　それどころか、これからの話と考えられる。　1500円（税抜）

NO2

恐怖の大王ことベスビオは六番目の月（乙女座）で活動を開始する。ほぼ一ヶ月のわたるベスビオの前活動の全てをここに網羅。ノストラダムスは約百四十詩をその一ヶ月の為に書き残していた。全世界が変化を始める六番目の月。　1600円（税抜）

NO3

七の月（天秤座）に入ってベスビオ大爆発直前の三日間を130詩を使って描く。刻々と変わる山体の様子を詳細に解読できた。

1600円（税抜）

NO4

「まず南側が困惑し次に逆方向が」という表現からベスビオの火山活動が始まり次にポー川の氾濫が始まると思える。大洪水が進行している最中に火山活動が始まりそうである。　1800円（税抜）

NO5

１つの火山の活動によって一国が崩壊してしまう話など過去に聞いたこともないが、これまで目にすることもなかった大きな火山活動があるのかもしれないと思える。　2000円（税抜）

「YOUは」宇宙人に遭っています
スターマンとコンタクティの体験実録

アーディ・S・クラーク著　益子祐司訳

スターピープルとの遭遇。北米インディアンたちが初めて明かした知られざる驚異のコンタクト体験実録

「我々の祖先は宇宙から来た」太古からの伝承を受け継いできた北米インディアンたちは実は現在も地球外生命体との接触を続けていた。それはチャネリングや退行催眠などを介さない現実的な体験であり、これまで外部に漏らされることは一切なかった。

しかし同じ血をひく大学教授の女性と歳月を重ねて親交を深めていく中で彼らは徐々に堅い口を開き始めた。そこには彼らの想像すら遥かに超えた多種多様の天空人(スターピープル)たちの驚くべき実態が生々しく語られていた。

虚栄心も誇張も何一つ無いインディアンたちの素朴な言葉に触れた後で、読者はUFO現象や宇宙人について以前までとは全く異なった見方をせざるをえなくなるだろう。宇宙からやってきているのは我々の祖先たちだけではなかったのだ。


「これまで出されてきたこのジャンルの中で最高のもの」と本国で絶賛されたベストセラー・ノンフィクションをインディアンとも縁の深い日本で初公開！　1900円（税抜）

イルカとETと天使たち

ティモシー・ワイリー著／鈴木美保子訳

「奇跡のコンタクト」の全記録。
未知なるものとの遭遇により得られた、数々の啓示《アドバイス》、
ベスト・アンサーがここに。

「とても古い宇宙の中の、とても新しい星—地球—。
大宇宙で孤立し、隔離されてきたこの長く暗い時代は今、終焉を迎えようとしている。
より精妙な次元において起こっている和解が、
今僕らのところへも浸透してきているようだ」

◎ スピリチュアルな世界が身近に迫り、これからの生き方が見えてくる一冊。

本書の展開で明らかになるように、イルカの知性への探求は、また別の道をも開くことになった。その全てが、知恵の後ろ盾と心のはたらきのもとにある。また、より高次における、魂の合一性（ワンネス）を示してくれている。
まずは、明らかな核爆弾の威力から、また大きく広がっている生態系への懸念から、僕らはやっとグローバルな意識を持つようになり、そしてそれは結局、僕らみんなの問題なのだと実感している。

1800円（税抜）

宇宙の実相

～ひふみ神示、ホツマツタエより

実方みどり

五次元上昇はすでに始まっています。信じられないかも知ませんがどんどん変化しています。
この本を読んで、意識変容して下さい。明るい未来が感動を伴って待っています。

宇宙の真理を探究するのは、遊園地で遊ぶようなもので、次はどんな乗り物に乗ろうかと考えるだけでも楽しい。

「宇宙の真理・実相」などと大袈裟かも知れないが、日々暮らしていく上で柱となる考え方を持っていれば、何事が起きても、平常心を失わずにいられるようになる。

十五年程前から読み込んでいた「ひふみ神示」に加え、「ホツマツタヱ」を知り得たことで、急速に、「ひふみ神示」の理解が進んだ。更に、「百人一首」の核も、「ホツマツタヱ」であったと気が付いた。「ホツマツタヱ」が偽書でないことは、その内容が宇宙の真理を正しく把握させてくれるものであることからも、よく解る。

ただし、「ホツマツタエ」には、伝言ゲーム的に、内容に多少の狂いがありそうだ。それは「ひふみ神示」をよく読めば解る。（本文より）

1300円（税抜）